AF498359

Cómo hacer de la
cadena de suministro
un centro de valor

Ángel Caja Corral

Esta obra ha sido galardonada con el premio
Logisnet 2018 de Literatura Técnica, otorgado
por Marge Books con la colaboración del Salón
Internacional de la Logística (SIL Barcelona)

Agradecimientos

A Sonia, Gerard y Ricard por su apoyo incondicional en todo lo que emprendo.

A Teo y Encarna por transmitirme, prácticamente sin darse cuenta y muy a su estilo, los valores que me guían en la vida y en este libro.

A la Escuela de Alta Dirección y Administración (EADA), donde cursé el Master Ejecutivo de Dirección de Operaciones y SCM que me permitió ampliar mi visión de las operaciones y que me ha traído hasta aquí. A los alumnos de la promoción 2013-2014 de dicho máster, mis compañeros, por esos valiosos debates que me permitieron contemplar nuevos puntos de vista y por formar la mejor clase de la que se pueda hacer parte.

Este libro pretende ser una guía práctica, basada en vivencias reales, por lo tanto, mi agradecimiento a todas las empresas y personas con las que he trabajado y colaborado, quienes me han permitido vivir tantas experiencias valiosas.

Índice

Angel Caja Corral (Sabadell, 1969). Técnico electrónico industrial en constante formación, ha cursado el Máster Ejecutivo en Dirección de Operaciones y SCM en la Escuela de Alta Dirección y Administración (EADA) y el Máster en Dirección de Plantas Industriales en ICT (ahora Instituto de Formación Continua IL3), además de diversos programas internacionales en dirección y liderazgo.

Ha desarrollado su carrera profesional en diversas multinacionales de varios sectores, lo que le ha permitido obtener una amplia visión de diferentes modelos de cadenas de suministro en diferentes industrias y mercados. Actualmente es director de operaciones y cadena de suministro en una multinacional química.

También ha sido ponente en diversos foros europeos en los que ha compartido su idea de que las operaciones y las cadenas de suministro pueden ser un centro de creación de valor y, de esta manera, busca desterrar la creencia tradicional que asegura que representan un centro de coste para las empresas.

Con amplia formación en *lean*, ha participado y liderado diversas transformaciones *lean* en distintas empresas, incluidos los procesos de ventas.

Convencido de que la parte más importante de las operaciones son las personas, cree firmemente en el empoderamiento y el desarrollo para lograr que la mejora continua no se detenga.

Tradicionalmente, la cadena de suministro, entendida como el proceso que se genera desde que el cliente realiza un pedido hasta que el producto o servicio ha sido entregado y cobrado, ha tenido más un carácter táctico que estratégico. El principal foco siempre ha sido interno, intentando que los procesos rindan a su máxima capacidad para conseguir la mayor eficiencia posible con un solo objetivo: ser una empresa competitiva a través de la reducción del coste.

Este enfoque ha ocasionado que la complejidad sea vista como una gran enemiga y algo a evitar a toda costa. No en vano, a más complejidad, mayor coste. Por lo tanto, las personas que trabajan en las áreas de operaciones y cadena de suministro han ido desarrollando un perfil eminentemente táctico, implementador y apagafuegos.

Esto presenta algunos riesgos, pues el enfoque interno y hacia el coste hace que la cadena de suministro pierda de vista al cliente y sus necesidades, para ser percibida por la compañía como un centro de coste, con el riesgo de ser la primera área en sufrir recortes.

Otro riesgo a tener muy en cuenta es que, al mirar solo internamente, se pierde de vista tanto el mundo exterior, es decir el mercado, como los movimientos estratégicos de la compañía. La preocupación principal se centra en el coste y esto genera una brecha, una falta de alineamiento entre las operaciones y la cadena de suministro con el conjunto de la compañía y sus clientes.

En un entorno de alta competitividad, el mercado tiende a demandar diferenciación, algo que se traduce en complejidad para las cadenas de suministro y las operaciones. Si la complejidad es un factor que se intenta evitar a toda costa en las cadenas de suministro tradicionales, entonces cada vez se está más lejos de lo que los clientes demandan.

La obsesión por la reducción de costes como principal objetivo puede ofrecer un producto o servicio muy competitivo, pero reduce a pasos agigantados la capacidad de respuesta a los frecuentes cambios en la demanda y las necesidades del cliente.

Este libro pretende apoyar a las operaciones y las cadenas de suministro como áreas creadoras de valor para la compañía y para el cliente. Para ello desarrolla un modelo de cuatro pasos que permite crear una estrategia propia de estas áreas, completamente alineada con la estrategia de la compañía y con las expectativas del cliente. Este es el primer paso para transformar las cadenas de suministro en un centro de creación de valor.

Cómo hacer de la
cadena de suministro
un **centro de valor**

Capítulo 1
Alinear estrategias, el primer paso para la creación de valor

Lo primero es establecer el punto de partida, algo que puede parecer obvio, pero que en la práctica no siempre se entiende ni se divulga en todos los niveles de la compañía. Se trata de la estrategia, que se puede definir de esta manera:

- **Estrategia de la compañía**

  Define qué tipo de clientes se quiere satisfacer, es decir, cuál va ser el terreno de juego.

  Define el valor que será ofrecido al cliente, es decir, cómo se van a ganar pedidos a través del precio, la calidad, la innovación, el servicio, etc.

- **Estrategia de la cadena de suministro**

  Define el modo en que la gestión de la cadena de suministro va a cumplir con los compromisos de la compañía, esto es, cómo se va a generar y entregar el valor prometido al cliente.

En cuanto a este tema, hay una cuestión que es inquietante. Si en cualquier empresa se pregunta a su personal sobre la estrategia de la compañía o si conoce su propuesta de valor, ocurre con frecuencia que en un porcentaje muy elevado no habrá una respuesta clara, es decir que la desconocen o no la entienden.

Cuando eso sucede, ¿cómo se puede desde la cadena de suministro entregar al cliente el valor prometido por la compañía, si se desconoce dónde se juega y cómo se quiere ganar?

Es importante que quienes ocupan cargos de dirección en una empresa crean firmemente que cada persona empleada, esté en el nivel que esté, es capaz y está orgullosa de contribuir al éxito de la compañía. Sin embargo, para eso, todas deben conocer la estrategia y la propuesta de valor de la compañía. Incluso deben saber interpretarla para aplicarla en situaciones imprevistas.

Si esto no sucede, es muy probable que empiece a abrirse una brecha. La cadena de suministro se enfocará básicamente en el costo y en entregar a tiempo, pero, a no ser que la propuesta de valor de la compañía sea satisfacer a sus clientes con precios bajos, la brecha será cada vez más grande, hasta el punto que la cadena de suministro irá por un camino y el resto de la compañía por otro.

Esta situación genera tensiones, frustraciones y estrés. Así, las personas que participan en la gestión de la cadena de suministro acaban especializándose en apagar fuegos, la estabilidad desaparece y todos los días hay urgencias y situaciones difíciles de gestionar. Lo más grave es que con el tiempo estas situaciones se asimilan como algo natural, inherente al día a día, lo cual tiene repercusiones muy negativas para la organización y en los clientes.

Estos ejemplos de alineación de estrategias de algunas empresas que se podrían considerar como referentes en su sector de actividad permiten ilustrar las definiciones anteriores de mejor manera.

En la figura 1 se observa cómo diferentes compañías tienen distintas propuestas de valor y, por lo tanto, diferentes estrategias para su cadena de suministro.

Por ejemplo, Zara, una cadena internacional de ropa que nació en España como parte del grupo Inditex, marca tenden-

Propuesta de valor		Estrategia de operaciones
Marcar tendencia en moda	Zara	Rapidez en el mercado
Innovación del producto	Apple	Externalización
Precios bajos	Wal-mart	Eficiencia en costes
Disponibilidad en amplia selección de productos	Amazon	Eficiencia y fiel cumplimiento

Fuente: David Simchi-Levi , investigador del Instituto Tecnológico de Massachusetts (MIT).

Figura 1. Propuesta de valor de cada empresa frente a la estrategia de operaciones.

cia en un segmento concreto de la moda. Prácticamente dice a su clientela qué ropa vestir, cambia colecciones a menudo y no repite prendas. Así, cuando una persona ve una prenda que le gusta, o la compra o la pierde. De este modo, su cadena de suministro está enfocada y diseñada para distribuir sus productos en un espacio muy corto de tiempo, por lo que Zara reparte productos a sus tiendas dos veces por semana.

Por lo tanto, no es de extrañar que Zara realice envíos aéreos o que muchas de las fábricas subcontratadas mediante las que produce sus prendas estén ubicadas cerca de sus mercados objetivos. Por estas razones, no se puede decir que se trata de una cadena de suministro enfocada estrictamente al costo.

En el lado opuesto se encuentra Wal-mart, una cadena de tiendas de origen estadounidense cuyo modelo de negocio se basa en la venta de una gran variedad de artículos y su principal propuesta de valor es tener siempre los precios más bajos, por lo que su cadena de suministro debe enfocarse en la eficiencia y el precio. Esto no significa que Wal-mart recorte costes a tijera. Se trata de una de las compañías que aplica un mayor grado de tecnología en su cadena de suministro y la usa para optimizar constantemente el coste, con lo que puede decirse que pone la tecnología al servicio de su propuesta de valor.

Por todo esto se puede considerar que Zara y Wal-mart son ejemplos de estrategias corporativas y de cadenas de suministro completamente alineadas que llevan a estas compañías a ser exitosas. Veamos ahora un ejemplo de no alineación.

Una empresa tenía varios almacenes distribuidos por Europa y decidió entrar en un nuevo mercado ubicado en el sur de Alemania. La competencia era capaz de entregar los productos en 24 horas y, por lo tanto, la potencial clientela no esperaba menos. El departamento de ventas adquirió el compromiso de entregar en 24 horas, sin tener en cuenta las capacidades de la cadena de suministro y sin darse cuenta de que el almacén más cercano estaba ubicado a un mínimo de 48 horas de tránsito.

Las quejas de la clientela no tardaron en llegar y con ellas las tensiones internas y el estrés. Reconducir la situación desembocó en una reorganización de la red de almacenes, con el fin de adaptar la cadena de suministro a las expectativas de los clientes. Pero fue una acción reactiva con todo el perjuicio que conlleva a la reputación ante el mercado y costes extra.

Como se evidencia en este ejemplo, con frecuencia, la causa raíz de muchos problemas y tensiones en la cadena de suministro es la falta de alineación entre estrategias.

Capítulo 2
La estrategia de la compañía, el punto de partida

Este capítulo no profundiza en la manera en que se diseña una estrategia corporativa, pero sí en el estudio de algunos de sus mecanismos para poder interpretarla oportunamente.

La palabra 'estrategia' proviene del griego *strategos*, que se utilizaba en la Antigua Grecia para designar al general o comandante en jefe. Así, el término está originalmente ligado al ámbito militar.

Se trata de la unión de los términos *stratos*, que significa ejército, y *agein*, que quiere decir conducir o guiar. Es decir que hace referencia al arte de conducir las operaciones militares para vencer a un rival.

Sin belicismos de por medio, las empresas tratan de conquistar cuotas de mercado a través de convencer a una potencial clientela de las bondades de sus productos o servicios. Tarea nada fácil si no se ha diseñado una estrategia al respecto.

Parte de la estrategia de la compañía está en identificar y desarrollar una ventaja competitiva, una propuesta de valor que la diferencie de sus competidores, es decir, el motivo por el que una persona debería comprarle a esa compañía y no a la competencia.

Los motivos de compra pueden ser varios. La empresa puede ofrecer los precios más bajos o la mejor calidad, puede ser innovadora, o incluso puede intentar crear nuevas necesidades a su clientela (como hizo Apple con su iPod); puede prometer plazos de entrega en el mismo día (como está haciendo Amazon), o incluso puede intentar la combinación de algunas propuestas, pero, por lo general, las compañías no pueden entregar al máximo nivel todos los atributos ganadores al mercado, pues no se puede apostar por productos de alta calidad o personalización y ser una empresa de bajo coste, por poner un ejemplo.

Lo cierto es que no todos los clientes demandan los mismos atributos, por lo que hay otra parte de la estrategia que es fundamental: elegir a qué segmento de la clientela potencial se quiere satisfacer, pues lo ideal es que sea el tipo de cliente que necesita justo lo que la empresa sabe hacer bien.

La figura 2 muestra cuestiones fundamentales de la estrategia de la compañía que quienes operan en su cadena de suministro deben conocer para garantizar su alineación.

La cuestión se complica cuando la empresa diversifica y se enfoca en otro tipo de clientes que tienen necesidades distintas, por lo que demandan otros atributos. Lo ideal es poseer muy buenas cualidades en al menos dos atributos para que la compañía se diferencie de sus competidores. El

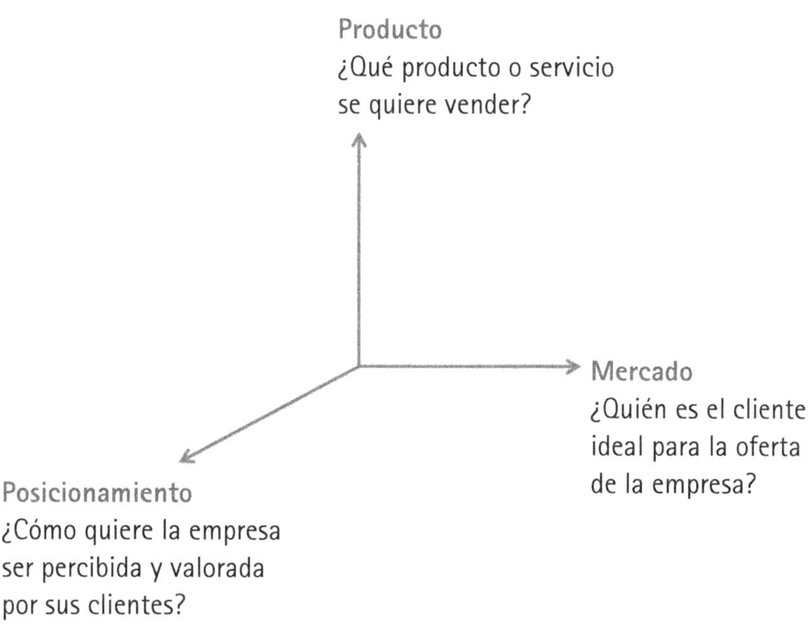

Fuente: Escuela de Alta Dirección y Administración (EADA Business School).

Figura 2. Preguntas fundamentales para establecer la estrategia de un negocio.

problema es que, por lo general, estas dos ventajas competitivas distintas se gestionan con la misma cadena de suministro, ocasionando con frecuencia tensiones y complicaciones.

Michael E. Porter, profesor de la Escuela de Negocios de Harvard, diferencia tres estrategias competitivas genéricas:

- Ser líder en costes, es decir, ofrecer productos con características similares a la competencia, pero más baratos.
- Ofertar productos o servicios exclusivos y diferenciadores, entendiendo por exclusivo algo que pocos pueden

ofrecer para ser líder en diferenciación. Esto puede ser perfectamente un nivel de calidad concreto.

- Seleccionar un segmento específico de clientes y dirigirse a él con alguna de las estrategias anteriores.

Uno de los problemas que las empresas deben enfrentar es que, al realizar el análisis del sector donde la empresa quiere

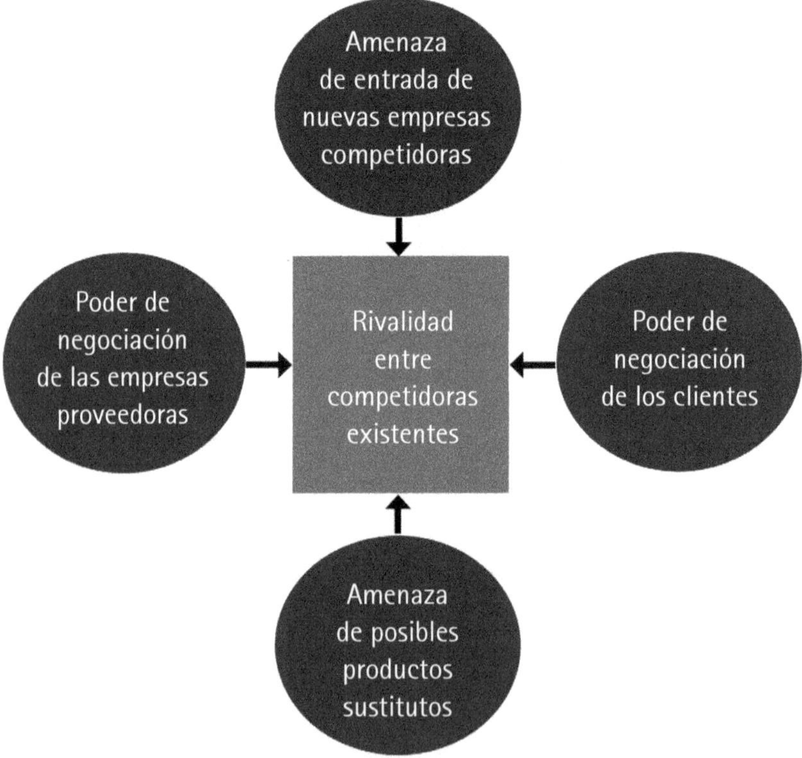

Fuente: Michael E. Porter, 2008.

Las amenazas potenciales para una actividad empresarial.

operar, la única amenaza que se identifica son las compañías competidoras, pero siempre hay más elementos que conviene analizar. Porter identifica cuatro amenazas adicionales:

- Los posibles nuevos competidores entrantes
- El poder de negociación de los proveedores
- Los posibles productos sustitutos
- El poder de negociación de los clientes

Si las personas que participan en la gestión de las cadenas de suministro tienen la oportunidad de hacerlo también en el diseño de la estrategia y en los análisis mencionados, hay mucho trabajo avanzado, ya que obtienen la información de primera mano y están involucradas en las decisiones. Por esta razón, es importante que quienes ostentan la dirección de operaciones o de la cadena de suministro sean miembros de los comités de dirección.

Con toda esta información clarificada es más fácil alinear la estrategia de la cadena de suministro.

Capítulo 3
El modelo

3.1 Cómo alinear la estrategia de la cadena de suministro

Este modelo probablemente recuerde el ciclo de mejora continua PDCA *(Plan-Do-Check-Act)* de Deming. No en vano, aunque se hable de estrategia, es necesario un enfoque estructurado, basado en cuatro pasos aplicables tanto para diseñar una nueva cadena de suministro, como para evaluar la alineación de una ya existente.

Los dos primeros pasos determinan la base desde la que se parte. Vale pena dedicar todo el tiempo y esfuerzo necesarios para recopilar la información, analizarla y entenderla; especialmente para comprender las expectativas de los clientes y la estrategia de la compañía (paso 1). En este caso, cuanto más precisa sea la información recabada, mejores decisiones se podrán tomar.

Los dos últimos pasos se basan en la toma de decisiones y la acción. Lo importante es adquirir el compromiso de todas las personas que trabajan en la empresa y atreverse a llevar a cabo las transformaciones propuestas.

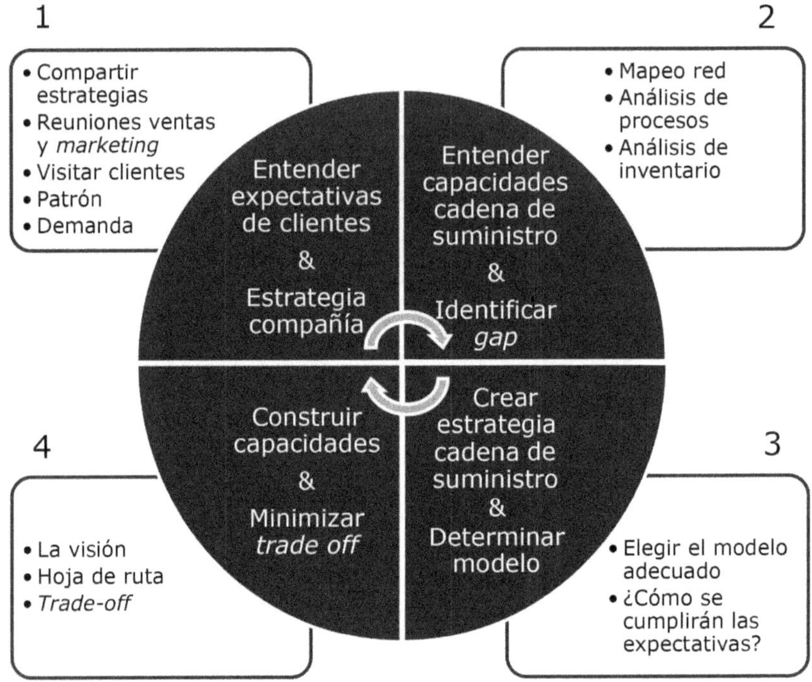

Figura 4. Los cuatro pasos para construir un modelo que permita alinear estrategias en la cadena de suministro.

Para visualizarlo mejor, veamos una introducción explicativa de cada paso.

3.1.1 Paso 1. Entender las expectativas de los clientes y la estrategia de la compañía

Una empresa nunca podrá alinearse con algo que no conoce. Por eso, el primer paso puede estar plagado de suposiciones y tópicos.

Pocos colaboradores de la cadena de suministro pueden describir la estrategia de la compañía en la que trabajan o su propuesta de valor, más allá de los típicos «ser número uno en ventas», «crecer» o «fabricar productos de calidad».

El problema es que si no se tiene clara la estrategia de la compañía, menos claras estarán las expectativas de los clientes y sus verdaderas necesidades, por lo que a menudo se evidencia que para gestionar la cadena de suministro, las empresas han elegido algunos indicadores que no están alineados con las necesidades de sus clientes, con un riesgo muy elevado de tomar decisiones erróneas.

Otro aspecto a tener en cuenta es el tipo de producto que se maneja y su demanda. En gran medida, las características del producto y su patrón de demanda definen el tipo de cadena de suministro que se necesita.

3.1.2   Paso 2. Entender las capacidades de la cadena de suministro e identificar la brecha con los clientes

Si se ha conseguido entender a los clientes, se sabe cómo se comporta la demanda y se conoce la estrategia de la compañía. Llega entonces el momento de hacer un análisis de la cadena de suministro, de identificar el modelo para saber si es ágil, eficiente o innovador; de entender las capacidades y competencias de la cadena de suminstro, es decir, qué es lo que se hace bien y qué no tan bien, cómo es la comunicación interna y con el resto de la organización, qué atributos se pueden ofrecer a gran escala (calidad, precio o rapidez, por ejemplo) y cuáles no.

Para entender los recursos y limitaciones (tanto conceptuales como estructurales) se pueden hacer estas preguntas: ¿están los almacenes en el lugar correcto?, ¿tienen el surtido adecuado, tanto en referencias como en cantidades?, ¿en la empresa se desarrollan los procesos adecuados?, ¿los indicadores proveen la información idónea?, ¿las personas que trabajan en la empresa tienen la formación necesaria?

El hecho de que en las empresas no se tenga claro cuál es su modelo de cadena de suministro, cuál es su rendimiento, qué saben hacer bien, qué hacen mal, es más habitual de lo que parece. Quizá, sería más preciso decir que no son conscientes de que no conocen su cadena de suministro.

Si se hace un análisis riguroso, se puede identificar una brecha entre lo que puede hacer la cadena de suministro y lo que necesita el cliente. Siempre hay una brecha, pero su tamaño depende de la madurez de la compañía.

3.1.3 *Paso 3. Cerrar la brecha y rediseñar la cadena de suministro*

Como la brecha o la falta de alineamiento ya está identificada, el objetivo de este paso será cerrar esa brecha, diseñando una estrategia que supone un cambio de modelo de la cadena de suministro. Se trata de establecer si se necesita una transformación total o si, por el contrario, solo se deben realizar algunas acciones de menor calado.

Lo que se busca es definir un nuevo modelo que entregue al cliente la propuesta de valor prometida por la compañía y que, además, lo haga de manera constante y sostenible. A partir de este paso, se aplicará una mejora continua para asegurar que los cambios del mercado y los comportamientos del cliente no abrirán una nueva brecha y, de esta manera, la compañía se acercará lo más posible a la excelencia.

3.1.4 Paso 4. Construir las capacidades y la implantación

El último paso es la implantación de la estrategia. La implementación es el punto en el que fallan la mayoría de las estrategias, pues, por lo general, las empresas no hacen lo que han acordado que se debe hacer.

En este punto, el compromiso y el atrevimiento son cruciales, al igual que ilusionar y conseguir la complicidad de toda la plantilla con la estrategia.

Si se ha realizado un trabajo concienzudo en los tres primeros pasos, se debe haber obtenido una visión de cómo debe ser la nueva (o simplemente ajustada) cadena de suministro, una hoja de ruta, un camino a seguir para llegar a la meta. La visión.

Las decisiones que se han tomado a lo largo de este proceso deben ayudar a identificar un concepto vital para el éxito de la estrategia: las contrapartidas.

Se debe diseñar la cadena de suministro para entregar algunos atributos de alto nivel a los clientes que lo necesitan. Como difícilmente habrá un modelo que entregue todos los atributos a nivel excelente, habrá otros que se entregarán a un nivel más bajo, por ejemplo, diseñar una cadena de suministro extremadamente flexible tiene un precio, el coste es la contrapartida.

La contrapartida debe ser identificada, entendida, comunicada, gestionada y aceptada por toda la compañía, solo así se podrá minimizar lo máximo posible. Si esto no se hace, se generarán tensiones y conflictos internos que acabarán dañando la organización y el servicio al cliente.

Este punto es delicado y es aquí donde los profesionales que gestionan la cadena de suministro necesitan realizar pedagogía. Normalmente la alta dirección tiene unos conocimientos o antecedentes en las áreas de ventas, *marketing* o finanzas, pero pocas lo tienen en operaciones o en el manejo de la cadena de suministro. Por este motivo hay conceptos que le son difíciles de entender, especialmente cuando se espera que todo sea bueno, rápido y barato; por eso es importante que desde la gestión de la cadena de suministro se evidencien las contrapartidas.

Capítulo 4

Paso 1. Entender las expectativas de los clientes y la estrategia de la compañía

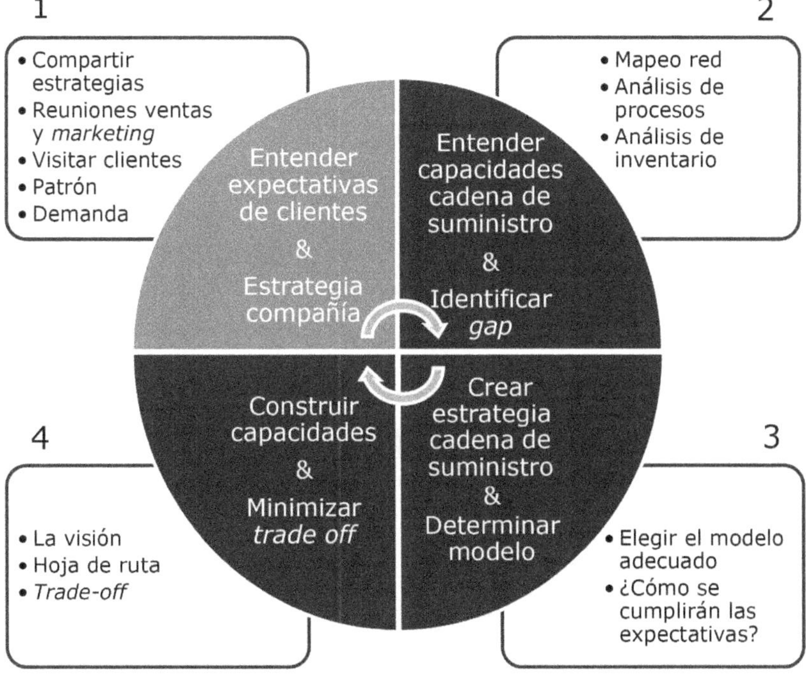

Figura 5. Primer paso del modelo para alinear estrategias en la cadena de suministro.

La figura 6 identifica lo que las personas que trabajan en operaciones y cadena de suministro necesitan conocer para diseñar una estrategia perfectamente alineada con la compañía y su actividad principal.

Figura 6. Información básica para construir la estrategia en la cadena de suministro.

Este es un punto muy importante, aunque no siempre se toma en cuenta. La experiencia ha demostrado que después de la crisis económica que se desató en Europa en 2008 y todavía hoy, este inconveniente sigue afectando a numerosas empresas.

La crisis ha hecho que muchas compañías tengan una presión en la reducción de costes aun mayor que antes, lo que supone un problema para las cadenas de suministro, especialmente para aquellas que son percibidas como un centro de coste.

Lo que acostumbra a ocurrir en estos casos es que la compañía recorta inversiones y efectivos de la cadena, pero mantiene la exigencia, lo que tensiona y estresa sobremanera a los profesionales que trabajan en ella.

Si la propuesta de valor de la compañía son precios bajos, se puede pensar que la situación está alineada, pero hay una gran diferencia entre recortar recursos y una cadena de suministro eficiente, enfocada al coste. Lo que está claro es que si la propuesta de valor es, por ejemplo, diferenciarse a través de una calidad excepcional o por una entrega en 24 horas, va a ser complicado llevarla a cabo si se restan recursos.

Por lo tanto, antes de empezar se debe aclarar la situación interna y poner todas las cartas sobre la mesa. Esto quiere decir que todos los equipos en la compañía, especialmente la dirección, deben estar alineados y compartir una misma información, de manera que se puedan evitar malentendidos y tensiones futuras.

Este punto representa un reto para los departamentos de operaciones y cadena de suministro, porque tradicionalmente se han manejado lejos del cliente y con un enfoque interno. Incluso indicadores como el coste, los días de inventario, la eficiencia de los equipamientos, etc., no tienen mucho que ver con el cliente.

Por lo tanto, acercarse al cliente para conocer sus necesidades o cómo extraer esa información es toda una aventura.

Sin lugar a dudas, los departamentos de ventas y *marketing* son un paso intermedio para alcanzar este objetivo, pues conocen lo que los clientes esperan de la compañía y son el canal principal de contacto con ellos.

Por este motivo, es fundamental que las personas del departamento de ventas y las que gestionan la cadena de suministro trabajen juntas, compartan información y mantengan una estrecha relación. Algo que no siempre sucede, porque en muchas compañías se trabaja en silos cerrados y se gestionan objetivos que no los unen, por lo que no es raro que suceda que el departamento de ventas reclame más inventario para combatir la falta de servicio y el área de la cadena de suministro más información sobre lo que se va a vender, o mayor precisión en los presupuestos de ventas.

Una herramienta muy útil para impedir este distanciamiento y que para muchas compañías se ha convertido en la espina dorsal de su negocio es la planificación de ventas y operaciones o S&OP (siglas de *sales and operations plan-*

ning), un proceso que permite conciliar demanda y suministro, pues uno de los beneficios colaterales del uso del S&OP, que no funciona si no hay compromiso de la dirección, es la mejora sustancial de la relación entre los departamentos de ventas y cadena de suministro. Si se utiliza bien, todas las decisiones, ya sean de ventas o de operaciones, se toman en consenso y todas las personas son corresponsables. ¿Qué puede unir más que eso?

El análisis de las expectativas de los clientes permite obtener algunas pistas sobre las razones por las que las cadenas de suministro se tensionan.

4.3   Patrón de la demanda, perfil del producto

Ya se ha dicho que el tipo de producto define el tipo de cadena de suministro que debe tener la empresa, así que en esta fase es recomendable realizar un análisis del perfil del producto y de la demanda.

Una buena herramienta para hacerlo son las matrices creadas por el Dr. Marshall L. Fisher, profesor de operaciones y manejo de información en la Universidad de Pensilvania, y por Hau Lee, profesor en la Escuela de Negocios de la Universidad de Standford, quienes, a través de sus matrices, definen que hay un tipo de cadena de suministro para cada patrón de demanda y perfil de producto, y que la mayoría de los problemas en las cadenas de suministro provienen de un mal encaje entre estos conceptos.

Entre los segmentos principales de una compañía están las pinturas marinas y las pinturas para barcos.

Dentro de este mercado, la empresa fabrica pinturas para grandes buques, petroleros, cargueros, yates y megayates, propiedad de algunas de las personas más ricas del mundo. Este no es un dato gratuito, pues el estatus social de los clientes influye en lo que van a demandar de sus proveedores. El análisis de las expectativas de este mercado evidenció estos datos:

- **Buques:** Precio competitivo y entregas entre 24 y 48 horas
- **Megayates:** Personalización, alta calidad y servicio

En ambos casos se trata de barcos y en ambos se compra pintura, pero las expectativas de ambos clientes son muy distintas. El problema es que estas expectativas tan diferentes y opuestas son gestionadas a través de la misma cadena de suministro.

Ya se ha dicho en páginas anteriores que una misma cadena de suministro no puede entregar todos los atributos al máximo nivel, puesto que la situación genera complejidad, lo que da pistas sobre lo que se debe hacer con la cadena de suministro. En un supuesto como este, lo mejor es segmentar.

Al margen de tener una relación fluida con el departamento de ventas, es saludable que los profesionales de la cadena de suministro visiten clientes. Por un lado, es bueno recibir de primera mano la opinión de los clientes sobre cómo se realiza el trabajo, lo que representa una buena oportunidad para aprender, y, por otro lado, aunque la información que se recibe del departamento de ventas es valiosa, a veces puede estar sesgada por las percepciones personales, por lo que se puede completar con la voz del cliente, lo que es una buena oportunidad para salir de la zona de confort y saltar a la zona de aprendizaje.

Siempre en compañía de las personas que trabajan en el departamento de ventas y si hay una buena relación cliente y proveedor, se puede intentar extraer la información para entregar valor a los clientes, trabajando sobre estos aspectos:

- Conocer sus objetivos, qué quieren conseguir en los próximos años, cómo puede ayudarles la empresa a alcanzar estas metas y, en consecuencia, entregarle un valor añadido.
- Cuáles son sus problemas y dificultades, qué es lo que no les funciona, cómo puede ayudarles la empresa a solucionar estos inconvenientes y entregarle un valor adicional.
- Por qué le compra a la competencia y no a la compañía, qué está haciendo mejor la competencia, qué se puede hacer para mejorar ese punto.

Hay algo que solo las empresas de más éxito pueden hacer: crear necesidades a las personas, incluso incentivando deseos que todavía no saben que tienen, pero que una vez que han probado un producto, ya no puede vivir sin él, lo que coloca a la compañía en una posición de ventaja.

Patrón de la demanda	
Productos funcionales	*Productos innovadores*
Baja incertidumbre en la demanda	Alta incertidumbre en la demanda
Demanda más predecible	Demanda difícil de pronosticar
Demanda estable	Demanda variable
Vida del producto larga, volúmenes similares todo el tiempo	Temporada de venta corta
Coste de inventario bajo. *Commodities*	Coste de inventario alto
Márgenes bajos. *Commodities*	Márgenes altos
Volúmenes altos	Volúmenes bajos
Bajo coste, roturas stock	Alto coste, roturas stock
Pocos obsoletos	Altos obsoletos
Poca variedad de producto	Alta variedad de producto

Fuente: Marshall L. Fisher.

Tabla 1. Matriz del patrón de la demanda.

Fisher divide la demanda entre productos funcionales y productos innovadores. Las características de ambas categorías se observan en la tabla 1.

Los productos funcionales se acercan más a los *commodity*, es decir, a los productos estables y sólidos que satisfacen las necesidades básicas o estándares de los clientes, y los productos que pueden fabricar un amplio rango de proveedores y que, por lo tanto, acostumbran a tener márgenes justos.

Por el contrario, los productos calificados como innovadores son más exclusivos. La incertidumbre de la demanda incrementa el riesgo de roturas de inventario o de falta de respuesta al cliente, por lo que se requiere mucha flexibilidad con unos costes más elevados, y acostumbran a tener también unos márgenes comerciales más altos.

Fisher indica que para cada una de estas categorías existen dos tipos de cadenas de suministro:

- Productos funcionales que requieren cadenas de suministro eficientes. Las características principales de este modelo son:

  - Alta ocupación de las máquinas y el transporte.
  - Inventarios centralizados.
  - Mejor plazo de entrega sin aumentar costes.
  - Economías de escala.
  - Se enfocan en eliminar actividades que no añaden valor.

- Productos innovadores que requieren cadenas de suministro de respuesta rápida, que responden rápidamente a los cambios e incertidumbres del mercado. Las características principales de este modelo son:

  - Mantienen capacidad sobrante u ociosa para responder rápidamente.

– El plazo de entrega es el más corto posible, lo que se valora por encima del coste.
– La personalización del producto se hace lo más tarde posible en el proceso.
– Los procesos son lo más flexibles posible.
– Seleccionan a sus proveedores sobre la base de su capacidad y velocidad de respuesta y no debido al precio más bajo.

El profesor Hau Lee completa la matriz de Fisher con el concepto de incertidumbre del suministro y también lo divide en dos partes:

• *Incertidumbre baja, proceso estable.* Es aquel que tiene proveedores y procesos fiables, pocos problemas de calidad, escasos cambios de procesos, pocas limitaciones de capacidad y un plazo de entrega estable.

• *Incertidumbre alta, proceso en evolución.* Cuenta con proveedores no muy fiables, máquinas con más averías de lo habitual o procesos poco confiables con volúmenes variables; es poco flexible, sus cambios de proceso son largos y tiene restricciones de capacidad.

Para completar los posibles modelos de cadena de suministro, agrega dos más:

• Cadenas de suministro ágiles.

- Cadenas de suministro de minimización de riesgos (riesgos en el suministro).

Las cadenas de suministro de minimización de riesgos están diseñadas para garantizar que el suministro no se interrumpa. Para esto cuenta con múltiples o varias fuentes de suministro que aseguran que si una fuente falla, otra puede responder. Las diferentes fuentes comparten inventario, por lo que la comunicación, visibilidad y coordinación entre todos es muy elevada.

Como se puede observar en la figura 7, el modelo de minimización de riesgos encajaría en un tipo de producto funcional y proceso en evolución.

			INCERTIDUMBRE DE LA DEMANDA	
			Baja (productos funcionales)	Alta (productos innovadores)
INCERTIDUMBRE SUMINISTRO	Baja (Proceso estable)		Cadena de suministro eficiente	Cadena de suministro respuesta rápida
	Alta (Proceso en evolución)		Cadena de suministro minimización de riesgos	Cadena de suministro ágil

Fuente: Hau Lee.

Figura 7. Matriz de incertidumbre de la demanda.

Las cadenas de suministro ágiles tratan de fusionar lo mejor de las cadenas de suministro de respuesta rápida y minimización de riesgos con inventarios de seguridad, compartiendo recursos entre diversas fuentes de suministro, a la vez que buscan la flexibilidad en sus procesos. La figura 7 vincula esta cadena con productos innovadores y procesos en evolución.

La no alineación entre productos funcionales-innovadores y cadenas de suministro eficientes-respuesta rápida y la estabilidad de sus procesos es la principal causa raíz de las tensiones en la cadena de suministro.

Siguiendo con el ejemplo mostrado en el punto anterior, se evidenció que se manejaban diferentes mercados y, por lo tanto, diferentes clientes con distintas necesidades, pero todas tratadas con la misma cadena de suministro.

Después de analizar las expectativas de los clientes se realizó el análisis del patrón de la demanda usando la matriz de la tabla 1. No fue una sorpresa descubrir que había tantos productos funcionales como innovadores, lo que reforzaba la idea de que se debía buscar una forma de segmentar la cadena de suministro.

4.4   Dirección de la compañía, hacia dónde va, dónde se enfoca

Este apartado aborda la información necesaria para diseñar una estrategia de operaciones alineada. Es probablemente fácil de obtener, siempre y cuando la compañía haya definido su estrategia, por lo que se deberían conocer detalles como:

- Qué clientes son sus objetivos. Es necesario hablar con ellos acerca de sus necesidades concretas, incluso se puede planificar una visita.
- Qué áreas geográficas se quieren abordar, por lo que se debe comprobar si la actual red logística llega hasta allí en el tiempo requerido por el cliente.
- En qué productos se quiere enfocar o promocionar, por lo que es lógico pensar que se venderán más y se prestará más atención a su inventario.
- Con qué atributos se pretenden conseguir los pedidos. Cuál es la propuesta de valor que permitirá comprobar si la cadena de suministro puede entregar esos atributos al nivel requerido por el cliente.
- Cuál es el presupuesto de ventas, lo que permitirá calcular la capacidad necesaria a lo largo de toda la cadena de suministro.

Capítulo 5

Paso 2. Entender las capacidades de la cadena de suministro e identificar la brecha con los clientes

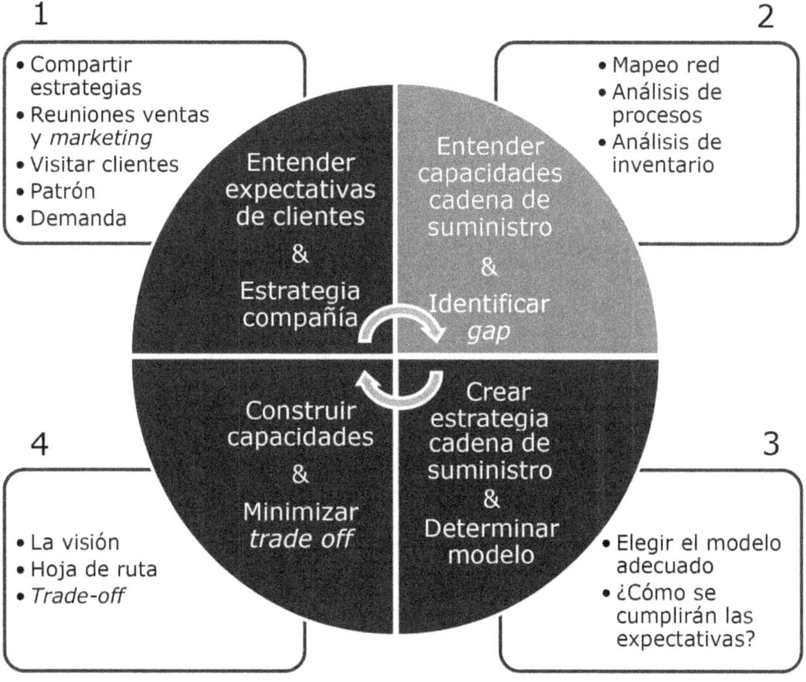

Figura 8. Segundo paso del modelo para alinear estrategias en la cadena de suministro.

Todo lo que se analizó en el paso 1 permite obtener una amplia visión de lo que la cadena de suministro debe gestionar, las necesidades del cliente, el tipo de producto, el patrón de la demanda, la estrategia y las necesidades de la compañía. Ahora se debe evaluar la cadena de suministro para saber dónde está la empresa y cuán alineada está con la información recopilada.

Este paso también requiere de un análisis extenso, pues es necesario conocer bien la empresa y sus debilidades y fortalezas a lo largo de toda la cadena de suministro. De nuevo, cuanto más preciso sea el análisis y la información recogida, mejores decisiones se podrán tomar.

Para saber a dónde ir, antes se debe conocer el punto de partida. Hay algunas herramientas que se pueden utilizar para desgranar la cadena de suministro y ubicar el punto de inicio.

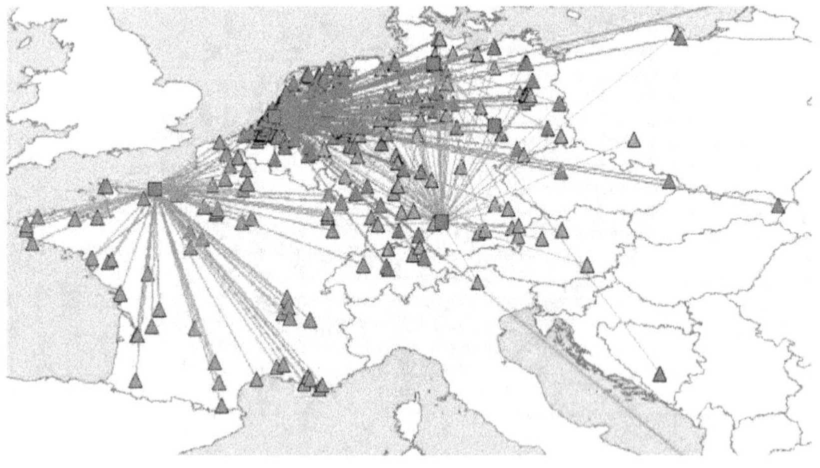

Figura 9. Ejemplo de mapeo de una red de distribución.

Del paso 1 se obtuvo información sobre el plazo de entrega que requiere el cliente, además del coste relacionado con el cumplimiento de este plazo.

Ahora es momento de plantearse algunas preguntas: ¿la empresa cuenta con las fábricas y los almacenes en el lugar adecuado?, ¿el producto le llega al cliente en el tiempo prometido?, ¿los almacenes tienen el surtido adecuado en cada zona, en referencias y cantidades?, ¿el coste de todo ello está optimizado?, ¿hay suficiente información sobre los costos que debe asumir la empresa?

Existen numerosas herramientas informáticas de *geomarketing*, de diferentes niveles de complejidad, que ayudan a visualizar estas cuestiones. Para ello, mapean el área objeto de análisis, mostrando la posición geográfica de todos los clientes, los almacenes y fábricas o los centros de distribución de los transportistas. Además, la herramienta calcula el centro de gravedad en el que se deben ubicar los puntos de distribución para poder servir a todos los clientes en el plazo estipulado.

Esto permite calcular un coste logístico, tanto de almacén como de transporte. Es importante conocer cuánto cuesta cumplir lo que se le promete al cliente; es decir, lo que se ha denominado como contrapartidas: a mayor nivel de servicio, mayor coste.

De este análisis se pueden extraer algunas conclusiones:

- ¿Se puede cumplir con el nivel de servicio prometido?
- ¿Qué se debe hacer si no se logra alcanzar ese nivel?
- ¿Cuánto le cuesta a la empresa alcanzar el nivel prometido? Enviar el 100 % de los pedidos a tiempo tiene un coste, ¿qué ocurre si se envía el 95 %? De entrada, tendría menos coste, pero ¿lo notarán los clientes?, ¿variará su percepción acerca del nivel de servicio? No todos los negocios requieren un 100 % de cumplimiento constante.
- El análisis permite jugar con diferentes escenarios y buscar el balance deseado entre servicio y coste.
- El análisis también permite identificar a los clientes que pueden tener alguna falta de servicio, ya que cada escenario muestra la distancia entre el cliente y el punto de distribución, tanto actual como simulado.

Cuando se ha decidido la red de distribución ideal, se puede iniciar un proceso de licitación de transporte *(tender,* por su denominación en inglés). Esta es una gran oportunidad para optimizar los costes de transporte, un ejercicio muy saludable que hay que hacer de tanto en tanto.

5.2 Análisis de inventario

La red de distribución está analizada, pero ¿se tienen las referencias correctas en el lugar correcto? No todos los productos se venden por igual en todas las zonas, no todos los clientes compran los mismos productos.

Tener inventario que no se vende genera costos adicionales y faltas de servicio, pero no es raro encontrar esta situación en muchos almacenes.

Este análisis no requiere conocer solo las ventas históricas de los productos por cliente, también requiere conocer lo que se va a vender en el futuro.

Los datos históricos ya no son suficientes para asegurar el servicio y el inventario adecuado, las necesidades de los clientes cambian cada vez más rápido, bien porque los clientes cambian o porque la competencia los hace cambiar.

Guiarse solo por datos históricos es el principal generador de productos obsoletos y de inventario con poca rotación. El S&OP es de gran ayuda para conseguir un inventario saludable.

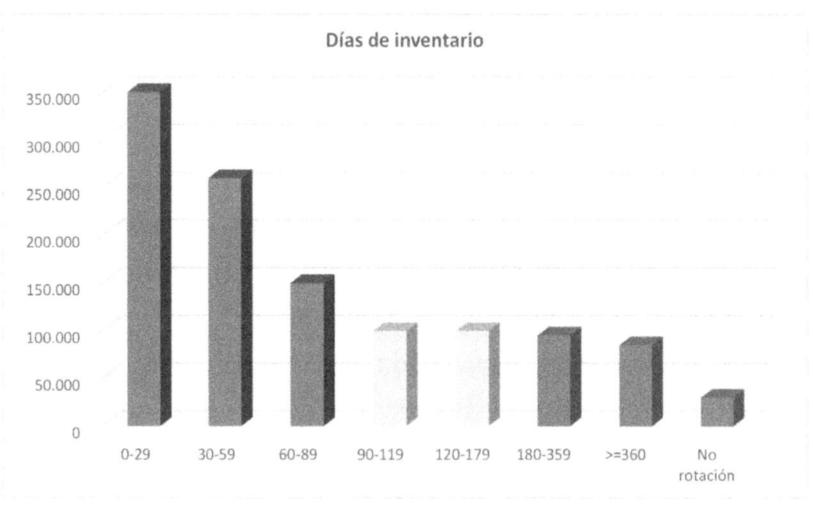

Figura 10. Clasificación del inventario por días y cantidades de productos.

En la figura 10 se observa la salud de un inventario, clasificado por días y de menos a más. La zona roja muestra claramente los productos con poca rotación. Si se hace este análisis en todos los almacenes, se podrá ver rápidamente si la empresa mantiene productos que no se venden. No es raro encontrar almacenes saturados con problemas de espacio, pero que no tienen disponibilidad de productos demandados por el cliente. Una solución es hacer una limpieza de los productos de baja rotación (en rojo) y generar espacio para productos que sí se venden (en verde), es decir, optimizar el inventario y mantenerlo saludable.

5.3 Productos versus procesos

Las empresas que fabrican un solo tipo de producto o una familia de productos de características similares, tendrán los equipos productivos y los procesos de fabricación o logísticos muy definidos, y no deberían tener especiales dificultades.

Sin embargo, las empresas que fabrican productos de características distintas, porque están sirviendo a mercados diferentes, lo suelen hacer con la misma cadena de suministro, absorbiendo, una complejidad difícil de manejar.

Se puede decir que para cada tipo de producto y su flujo hay un proceso. John Miltenburg, profesor en la Universidad McMaster, en su libro *Estrategia de Fabricación* desarrolla la matriz PV-LF (productos y volúmenes / *layout* y flujo de materiales). Esta matriz puede ayudar a relacionar las características del producto fabricado con un proceso concreto y, a su vez, los atributos que entrega esa combinación, lo que resulta muy útil para evaluar la alineación, ya que a estas alturas se conocen los atributos demandados por el cliente.

Estos son los rasgos más significativos de los procesos que se muestran en la figura 11:

- **Taller (JS)**

  Elabora muchos productos diferentes, pero con volúmenes de solo algunas unidades. El diseño es funcional, agrupado por el mismo tipo de equipos. Las personas que forman la plantilla son expertas en un departamento, es decir, en un grupo de equipos. El flujo de material va de un departamento al siguiente, lo que requiere bastante manipulación y un inventario considerable en proceso, por lo que el plazo de entrega puede ser largo. Por el contrario, el diseño ofrece una elevada flexibilidad a la hora de introducir nuevos pedidos en el proceso o de atender urgencias, y capacidad de innovación por facilitar la introducción de nuevos productos al tener equipos generalistas.

- **Flujo en lotes (FL)**

  Elabora menos productos, pero en volúmenes más elevados que en el caso anterior. Los productos se fabrican en lotes que representan algunas semanas de inventario (dependiendo de cada caso y de la demanda de los clientes). Acostumbran a tener diseños funcionales y

PV: productos y volúmenes

Muchos productos, una o dos unidades
Muchos productos, bajos volúmenes
Muchos productos, volúmenes medios
Varios productos, altos volúmenes

LF: layout y flujo de materiales

Layout funcional, flujo muy variado

Layout celular. flujo variado con pautas

Layout lineal. generalmente flujo regular

Layout lineal. flujo regular

Layout lineal, flujo rígido

Taller job shop
Flujo en lotes
Flujo lineal acompasado por operarios
Flujo lineal acompasado por equipo
FMS
JIT

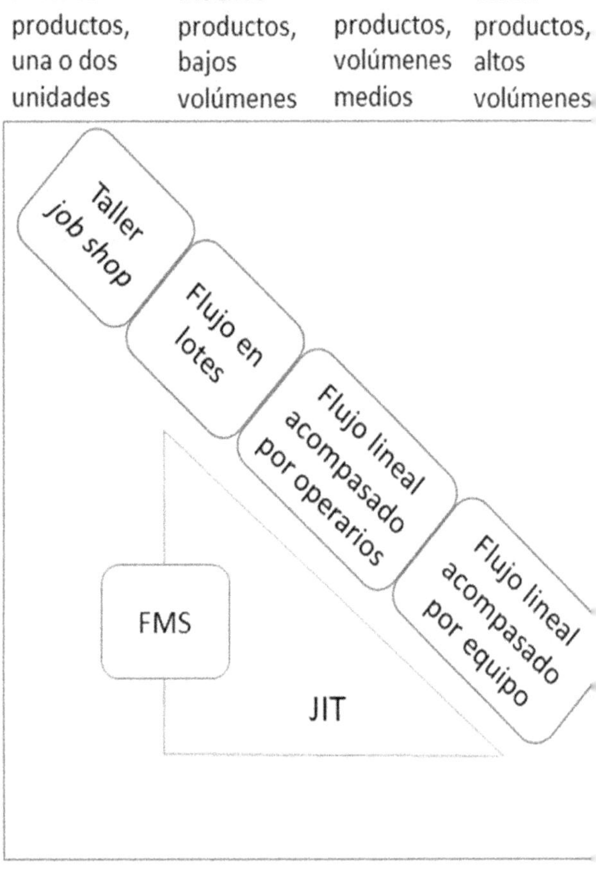

Outputs

Un producto, volumen muy alto	Entrega	Coste	Calidad	Rendimiento	Flexibilidad	Innovación
JS	−	− − − −	− − −	− − − −	+ + + +	+ + + +
FL	− −	− −	−	+ +	+ + +	+ + +
LAO	−	−	+	+ + +	+	−
FMS	−	+ +	+ +	+ +	+ +	− −
JIT	+ +	+ + +	+ + +	+ +	+ +	+ +
LAE	+ +	+ + +	+ + + +	−	− − −	− − −
Flujo continuo	+ +	+ + + +	+ + + +	− − − −	− − − −	− − − −

Fuente: John Miltenburg.

Figura 11. Matriz PV-LF.

celulares. En el caso de las células, se agrupan diferentes equipos para que el producto se inicie y acabe en la misma célula. Los equipos productivos son de carácter general, con poca especialización, capaces de fabricar productos de distintas características. El flujo de materiales puede variar de un pedido a otro, aunque hay determinadas pautas para grupos de familias de productos.

Al manejar bajos volúmenes se pueden proveer salidas con flexibilidad. Es relativamente fácil introducir nuevos pedidos con productos innovadores, gracias al carácter generalista de los equipos productivos. Por el contrario, al manejar volúmenes bajos y tener una participación alta de personal, es más difícil competir por coste.

- **Flujo en línea acompasado por el equipo (LAE).** Estos procesos se organizan en una línea para elaborar un número bajo de productos diferentes, adecuado solo cuando el diseño del producto es estable y los volúmenes son lo suficientemente elevados para hacer eficiente la línea de producción. Es el tradicional sistema de las líneas de montaje de automóviles que ya desarrolló Henry Ford en la década de 1920, aunque en la actualidad están dotados de un nivel de automatización superior. La velocidad de la línea está marcada por el *takt-time*, es decir, por la demanda y el número de productos a fabricar por hora o día, con el objetivo de cubrir las necesidades del cliente. Es un sistema intensivo en capital y muy especializado, en el que el personal realiza tareas simples y repetitivas, acompañando el flujo del proceso en un tiempo estipulado.

Son procesos con alta tasa de calidad, ya que están muy estandarizados y tienen bajo coste. Sin embargo, también son más rígidos.

- **Flujo en línea acompasado por los equipos (LAO).** En este sistema, el número de productos diferentes es más elevado que en el anterior. Se caracteriza por elaborar muchos productos similares de volúmenes muy variables, lo que dificulta tener una velocidad estándar en la línea de producción. La velocidad está marcada por las personas que operan la línea, por lo que dota al proceso de más flexibilidad y de distintas velocidades de fabricación. La tasa de producción depende de la cantidad de personas que participan en el proceso y de su propia eficiencia. En comparación al LAE, el diseño LAO, al depender más de las personas, ofrece un coste mayor y una tasa de calidad menor, aunque los equipos productivos de la línea son menos generalistas y están más especializados en los productos a fabricar.

- **Flujo continuo.** Similar al sistema de flujo en línea acompasado por el equipo, pero más intensivo en capital y más automatizado, cuenta con maquinaria especializada y con un flujo regular de materiales. Además, prácticamente las personas no tienen incidencia. Es ideal para un número limitado de productos y grandes volúmenes, donde el diseño del producto es muy estable. Por lo general, abarca procesos que funcionan las 24 horas del día, los siete días de la semana. El foco de este proceso es el bajo coste, es decir, garantizar la calidad, entendida en este caso como un producto que cuenta con todas las especificaciones y que llega dentro del plazo de entrega más corto que se pueda.

Generalmente, se emplea para fabricar productos estándar al menor coste posible. Sin embargo, no provee una flexibilidad muy elevada, pues al no permitir la fabricación de varios productos a la vez sino fabricar volúmenes muy elevados del mismo producto, la velocidad del proceso no puede alterarse. Tampoco permite una gran innovación, ya que al tener equipos productivos muy especializados para fabricar productos muy estandarizados, un producto de diseño nuevo requeriría cambios extensos en los equipos.

- **Justo a tiempo o JIT *(just in time).*** Este es el proceso que abarca más aspectos dentro de la matriz PV-LF. Los procesos lineales descritos anteriormente no son muy adecuados si la variedad de productos es muy elevada y sus volúmenes no son muy altos, por lo que en este punto, Miltenburg describe más que un proceso, un sistema de fabricación conocido como *lean*, como se conoce el sistema de producción de Toyota fuera de Japón. Este sistema se enfrenta a lo que considera los siete despilfarros de un proceso: sobreproducción, esperas, traslado de materiales, sobre procesos, inventario, movimiento de personas y defectos. Al abordar estos despilfarros se pretende que el proceso solo realice operaciones que aporten valor, es decir, las operaciones por las que el cliente está dispuesto a pagar. Esta filosofía *lean* entrega todos los atributos mencionados en la matriz a gran nivel, coste, calidad, flexibilidad, innovación, entrega y rendimiento.

- **Producción flexible (FMS).** Se trata de un proceso completamente automatizado en línea o en células formadas por máquinas o robots, donde se pueden fabricar varios productos distintos a la vez, de forma aleatoria y en bajos volúmenes. Para ello se emplea un sistema automático de manejo y transporte de material o de producto acabado, de célula a célula o hacia un almacén, en vehículos guiados automáticamente.

  Este proceso funciona sin la intervención de personal, pero con una supervisión que permite comprobar que no haya incidencias. Por lo general, la fabricación se realiza bajo pedidos pequeños.

  El sistema de producción flexible puede sustituir al sistema de fabricación por lotes, cuando este no es capaz de proveer una calidad muy elevada, pues el nivel de sofisticación de los equipos utilizados asegura la elaboración de productos con especificaciones muy estrictas.

Sin embargo, al tener equipos sofisticados requiere un mantenimiento costoso por parte de personal técnico cualificado. Además, la incorporación de nuevos productos por lo general requiere la reprogramación de los equipos.

Muchas compañías no tienen en cuenta los procesos de fabricación establecidos en el momento de decidir nuevas estrategias de ventas. Por ejemplo, al acceder a nuevos mercados, aunque se vendan los mismos productos, la demanda puede ser en volúmenes distintos o con plazos de entrega diferentes a los habituales. Por este motivo es importante evaluar los *outputs* que pueden entregar los procesos, tal como se muestra en la matriz de Miltenburg.

5.4 Análisis de la complejidad

Además de la matriz de producto-proceso que se observa en la figura 11, también se puede categorizar la complejidad que aportan los productos que la empresa fabrica o gestiona.

Con frecuencia se emplea el término complejidad para justificar algunos costes, pero lo cierto es que puede ser un concepto algo abstracto. La mejor definición de complejidad se refiere a cualquier factor que haga que el tiempo de ciclo (de cualquier proceso, manufactura o logístico) sea más largo. A mayor complejidad, mayor tiempo de ciclo y mayor coste.

Para ilustrarlo mejor, se puede pensar en un mercado en el que cada vez se demanda más diferenciación, lo que se traduce en complejidad para las cadenas de suministro y para las fábricas. Si la cadena de suministro es capaz de gestionar la complejidad demandada por el mercado de la manera más eficiente posible, estará en una posición privilegiada y, sin duda, creará valor y ayudará a la empresa a diferenciarse de sus competidoras.

Los factores que incrementan la complejidad en los procesos dependen de la actividad de cada empresa. A continuación se exponen algunos ejemplos:

- Especificación de calidad. Algunas tolerancias son más estrechas y otras dan más margen, lo que ocasiona, dependiendo del proceso utilizado, que algunos productos sean más difíciles de fabricar que otros y que requieran de más ajustes o más controles de calidad, alargando el proceso.

- Tamaños de lote o capacidad-unidades de embalaje. En principio, la mayoría de los lotes más grandes son más productivos y los lotes más pequeños incrementan el número de cambios de proceso. Esto es manejable con la técnica SMED (siglas de *single minute exchange of die*), que permite reducir los tiempos de preparación.

- Por lo general, los productos más complejos requieren más pasos dentro de un proceso, mientras que los productos estándar suelen necesitar menos procesos.

- Los productos más complejos suelen requerir preparaciones de pedido o máquinas, cambios de utillajes que requieren ajustes más complicados o limpiezas especiales que necesitan más tiempo; mientras que los productos estándar ayudan a tener procesos más estables y sólidos.

- Por lo general, la amplitud de surtido, tanto a tener en inventario como a fabricar bajo pedido, añade complejidad pues requiere más movimientos, más ubicaciones en almacén y más manipulación. Esto es más evidente si la compañía está presente en diferentes mercados con distintas necesidades.

- El grado de personalización demandado también requiere procesos específicos, bien sea si se hace la personalización al final del proceso (en almacén), o si la personalización se genera desde el principio.

Si la compañía es capaz de identificar la complejidad, podrá categorizarla. Por ejemplo, puede usar las letras A, B, C, siendo A los productos menos complejos y C los más complejos. De esta manera puede basar la categorización en varios aspectos, por ejemplo, el *output* de esos productos por hora o por día. De esta manera también puede evaluar sus procesos y conocer si son los adecuados para gestionar la complejidad de la mejor manera.

Esta categorización también es una buena herramienta para los departamentos de planificación, pues al conocer el nivel de complejidad de cada producto-proceso, pueden planificar, buscando la mejor combinación *(mix)* de productos, obteniendo la complejidad más baja posible y maximizando la eficiencia.

Todo este análisis de la complejidad, pasando de un concepto abstracto a uno mucho más tangible, permite a los profesionales de la cadena de suministro mostrar a la dirección de la empresa o a los departamentos de ventas y *marketing,* de una manera didáctica, cómo impacta la diferenciación en la cadena de suministro.

Un ejercicio muy saludable es comparar los productos que aportan más complejidad a las operaciones, según los datos de ventas, márgenes o beneficios que aportan a la compañía. Como al desgranar la complejidad se pueden conocer mejor los costes de proceso de esos artículos, ya sea de fabricación o logística, no es extraño descubrir que algunos productos muy complejos no aportan valor a la empresa, por lo que se podrían eliminar del catálogo o del surtido y, de esta manera, se reduciría la complejidad en la cadena de suministro.

La categorización de la complejidad también permite identificar los factores que hacen que un producto sea complejo. Vale la pena aclarar que no tiene por qué ser el mismo factor para todos los productos y que, por lo tanto, se puede plantear una actuación selectiva sobre ese factor para reducir la complejidad. Esto es gestionar la complejidad en los procesos.

Con el paso del tiempo, el nivel de complejidad aumenta, por lo que tarde o temprano los procesos tienen que adaptarse.

Foco en tecnología

Innovador
(productos innovadores-proceso en evolución)

- Rápida implementación de las innovaciones
- Lanzamientos rápidos al mercado
- Eficaz manejando nuevos productos, cambios en procesos o cambios en la cadena de suministro
- El proceso se adapta al producto
- Habilidad para diferenciarse
- Proveedores con capacidad de innovación

Foco en coste

Eficiencia en costes
(productos funcionales-proceso estable)

- Altos volúmenes/grandes lotes
- Foco en la eficiencia de los recursos
- Máquina/equipos fiables
- Planificación y procedimientos rígidos
- Proveedores únicos, economía de escala
- Almacenes y fábricas centrales
- FTL
- Proveedores elegidos y enfocados por coste
- Diseño enfocado en ahorrar costes

Figura 12. Ejemplo de mapa modelos de cadena de suministro.

Esta no es una tarea tan fácil o tan obvia como parece, pues muchas empresas no han identificado su modelo de cadena de suministro, por lo que no tienen claro qué atributos de la cadena de suministro pueden entregar a un nivel alto y qué atributos pueden entregar a un nivel más bajo. Esta información se debe comparar con todo lo recabado en el paso 1 del modelo, que buscaba entender las expectativas de los clientes y la estrategia de la compañía para poder identificar la brecha entre ambas estrategias.

Para entenderlo mejor ayuda visualizarlo a modo de mapa, por lo que en la figura 12 se muestra un ejemplo.

En la figura se observan los distintos modelos de cadenas de suministro que se utilizaron en el caso real de una empresa de productos químicos que está presente en cuatro mercados distintos.

Lo primero es situar el modelo de cadena de suministro actual en el mapa. La figura 13 indica dónde encaja el modelo analizado (señalado con un círculo rojo). Dicho modelo puede tener algunas características identificadas en otros tipos de cadenas de suministro, pero en este caso, la mayoría coinciden con el modelo de minimización de riesgos *(risk hedging)*.

Luego hay que situar en el mapa las expectativas de los clientes que se conocieron en el desarrollo del paso 1. Estas expectativas se pueden agrupar y colocar en el modelo de cadena de suministro en el que calzan mejor. Lo ideal es que todas las expectativas coincidan dentro del círculo rojo, que es la cadena de suministro actual de la empresa.

Cuando se pretende entregar a los clientes atributos para los que la cadena de suministro no está preparada, se genera un alto nivel de estrés y tensión en toda la cadena y en sus profesionales.

La figura 14 evidencia una clara falta de alineación entre la estrategia de la cadena de suministro y las expectativas de los clientes. Esta es la brecha.

Finalmente, la figura 15 muestra dos tipos de cadena de suministro, cada una con sus atributos ganadores de pedidos. Si lo que se puede entregar como atributo ganador es lo que demanda el cliente, la empresa está alineada, pero en caso contrario es necesario adaptar la cadena de suministro.

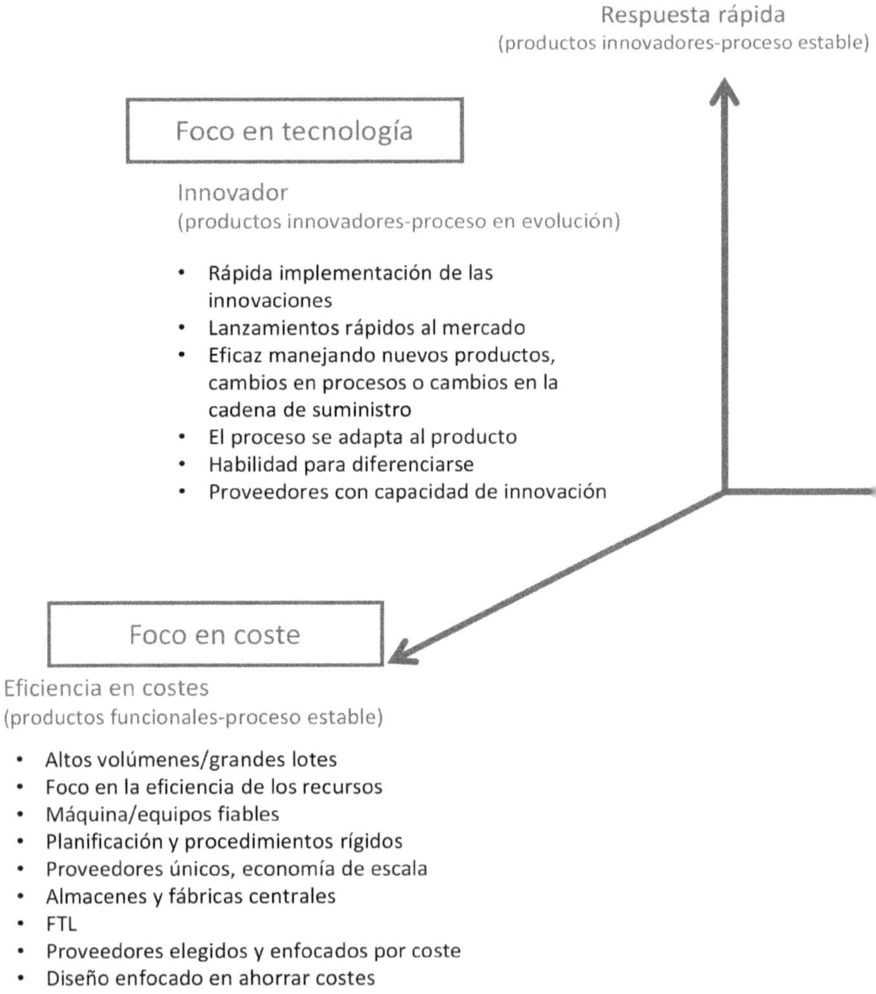

Respuesta rápida
(productos innovadores-proceso estable)

Foco en tecnología

Innovador
(productos innovadores-proceso en evolución)

• Rápida implementación de las innovaciones
• Lanzamientos rápidos al mercado
• Eficaz manejando nuevos productos, cambios en procesos o cambios en la cadena de suministro
• El proceso se adapta al producto
• Habilidad para diferenciarse
• Proveedores con capacidad de innovación

Foco en coste

Eficiencia en costes
(productos funcionales-proceso estable)

• Altos volúmenes/grandes lotes
• Foco en la eficiencia de los recursos
• Máquina/equipos fiables
• Planificación y procedimientos rígidos
• Proveedores únicos, economía de escala
• Almacenes y fábricas centrales
• FTL
• Proveedores elegidos y enfocados por coste
• Diseño enfocado en ahorrar costes

Foco en flexibilidad

- Plazo entrega corto
- Responde de cambios en *mix* y demanda
- Personalización/segmentación mercado
- Semifabricado, personalización al final
- Proximidad al cliente
- Capacidad extra
- VMI
- LTL
- Diseños modulares, plataformas std.

Mix flexibilidad/servicio

Ágil (productos innovadores-proceso en evolución)

- Mezcla respuesta rápida y minimización de riesgos
- Foco en flexibilidad, pero comparten recursos con otras plantas para evitar roturas de *stock*
- *Stock* de seguridad
- Proveedor: rapidez y flexibilidad

Foco en servicio

Minimización de riesgos
(productos funcionales-proceso en evolución)

- Múltiples fuentes para componentes críticos
- Almacenes/fábricas regionales
- Alto *stock* de seguridad
- Comparten recursos/inventario con otras plantas
- Necesitan buena visibilidad ERP
- FTL-LTL

Figura 13. Mapa de modelos de cadena de suministro.

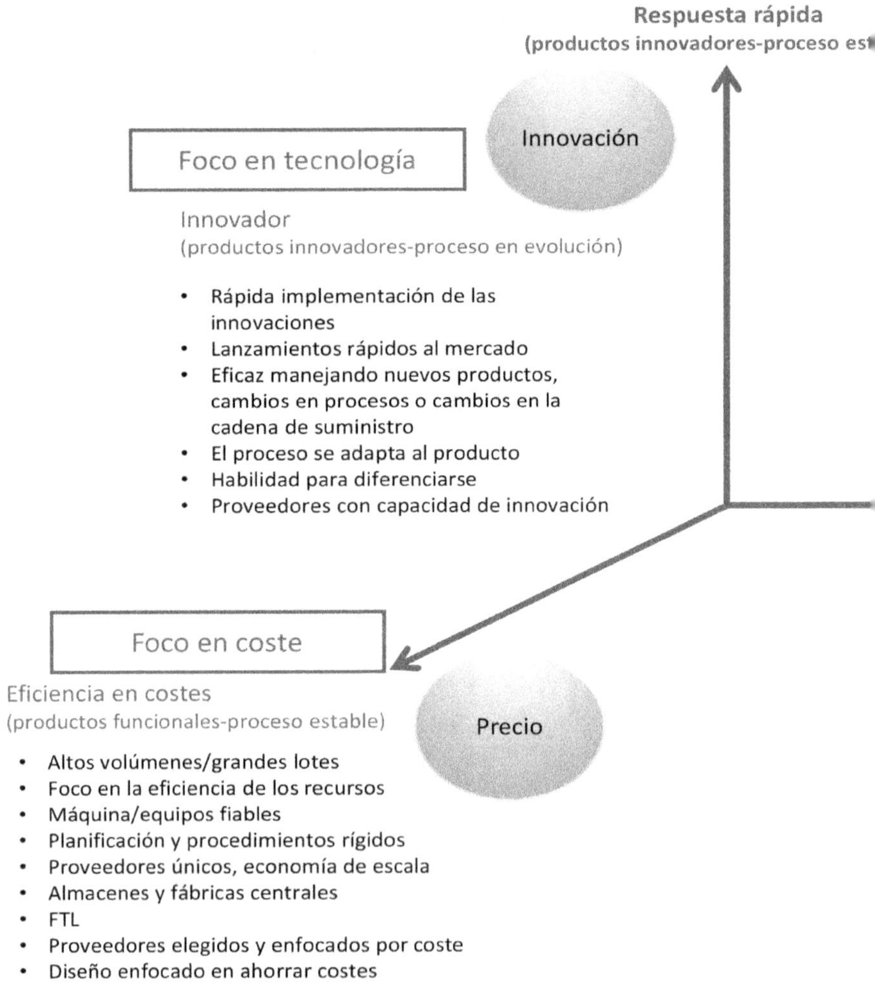

   CÓMO HACER DE LA CADENA DE SUMINISTRO UN CENTRO DE VALOR

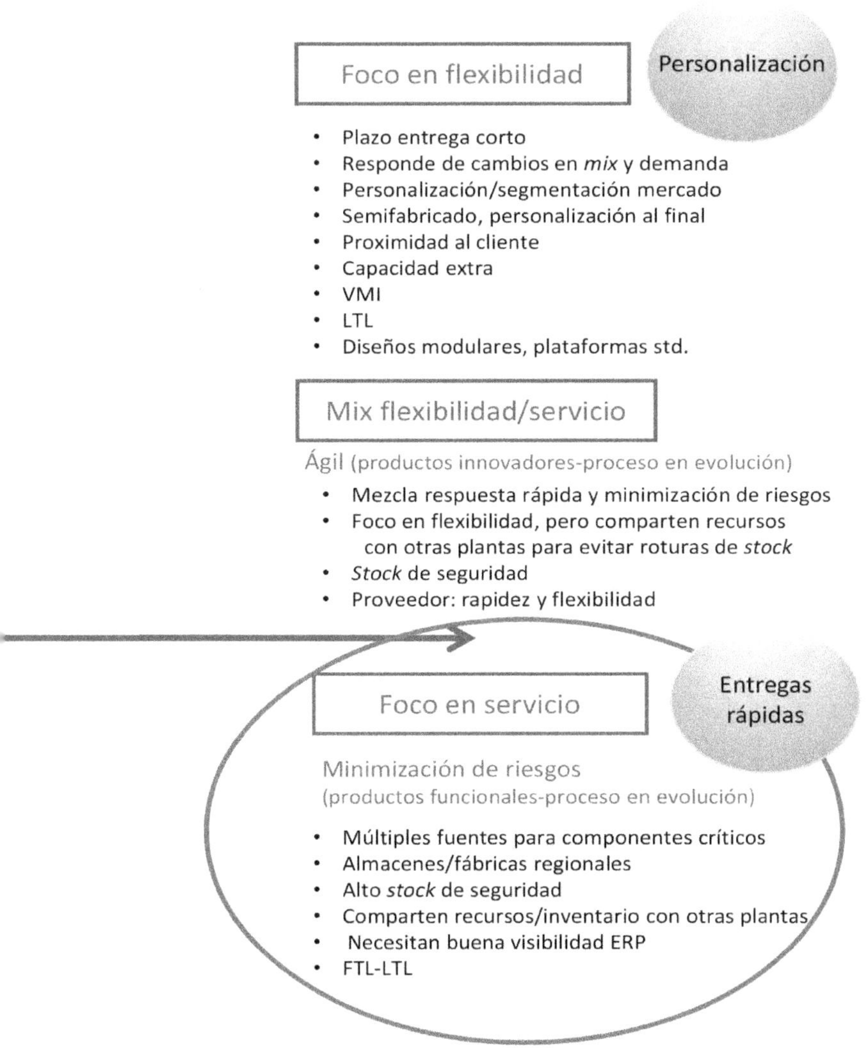

Foco en flexibilidad

Personalización

- Plazo entrega corto
- Responde de cambios en *mix* y demanda
- Personalización/segmentación mercado
- Semifabricado, personalización al final
- Proximidad al cliente
- Capacidad extra
- VMI
- LTL
- Diseños modulares, plataformas std.

Mix flexibilidad/servicio

Ágil (productos innovadores-proceso en evolución)

- Mezcla respuesta rápida y minimización de riesgos
- Foco en flexibilidad, pero comparten recursos
  con otras plantas para evitar roturas de *stock*
- *Stock* de seguridad
- Proveedor: rapidez y flexibilidad

Foco en servicio

Entregas rápidas

Minimización de riesgos
(productos funcionales-proceso en evolución)

- Múltiples fuentes para componentes críticos
- Almacenes/fábricas regionales
- Alto *stock* de seguridad
- Comparten recursos/inventario con otras plantas
- Necesitan buena visibilidad ERP
- FTL-LTL

Figura 14. Ejemplo de mapa de modelos de cadena de suministro con expectativas de clientes.

CADENA SUMINISTRO	Ágil	Calidad confiabiliad	Plazo de entrega
	Eficiente	Calidad confiabiliad	Precio
		Importante para mercado	Ganador de pedidos
		REQUISITOS DEL MERCADO	

Fuente: Mason-Jones, Naylor &Towill, 2000.

Figura 15. Atributos ganadores de pedidos en la cadena de suministro.

Gracias a este ejercicio se puede tener una clara visión de la situación actual de la empresa. Además se conoce el punto de partida y se tienen las bases para diseñar, transformar o ajustar la estrategia.

Capítulo 6

Paso 3. Cerrar la brecha y rediseñar la cadena de suministro

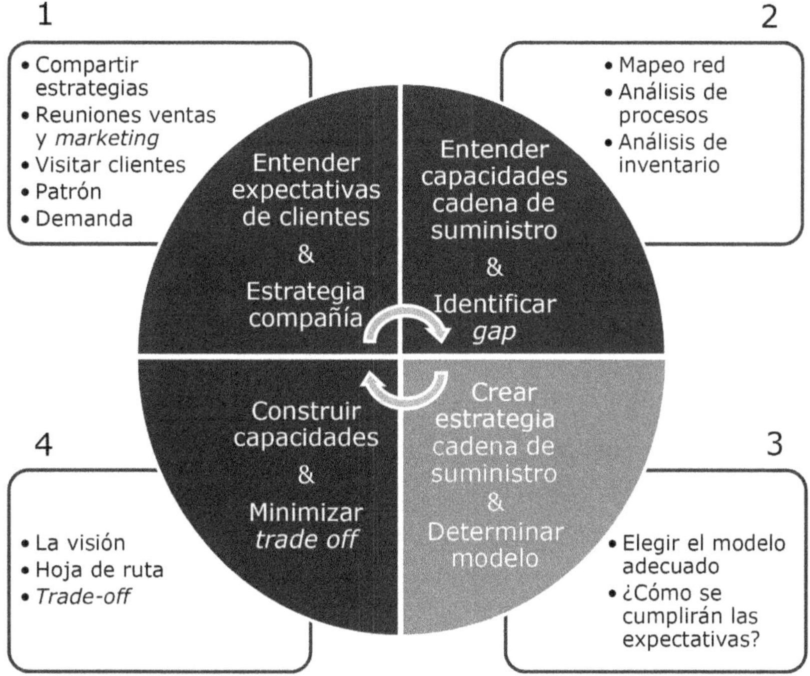

Figura 16. Tercer paso en el modelo para alinear estrategias en la cadena de suministro.

Durante el desarrollo de los dos primeros pasos se realizó un detallado análisis que permitió identificar una brecha entre lo que la cadena de suministro puede ofrecer, lo que los clientes esperan y la estrategia de la compañía. Además, se comprobó si la cadena de suministro se adecua al perfil de los productos y al patrón de la demanda.

Ahora es momento de decidir si se necesitan algunos ajustes o si, por el contrario, se debe realizar una transformación más profunda para cerrar la brecha y que la cadena de suministro esté completamente alineada con la compañía y con los clientes.

Los análisis, matrices y mapas mostrados anteriormente indican qué atributos no se están entregando al nivel que esperan los clientes. También permiten observar que diferentes

Una empresa de alimentación sirve a todos los mercados de Europa, para lo que cuenta con una fábrica en el centro del continente, ocho distribuidoras y cinco mil referencias. Los principales clientes son cadenas de minoristas. Las materias primas las adquieren a través distribuidores con unos dos meses de plazo de entrega.

Se trata de una marca de primera calidad, con poca innovación y un nivel bajo de inversión en *marketing* y un modelo de cadena de suministro eficiente.

modelos de cadenas de suministro entregan distintos atributos a diferentes niveles, por lo que debería resultar relativamente fácil decidir hacia qué tipo de cadena de suministro debe ir la compañía.

Es cierto que la cuestión se puede complicar si en la conclusión se evidencia que la empresa necesita al menos dos tipos de cadena de suministro, ya que las expectativas de los clientes difieren considerablemente y no pueden ser entregadas por un solo modelo, por lo que se debería segmentar la cadena de suministro, es decir, trabajar con dos cadenas de suministro diferenciadas.

Los casos 1 y 2 ayudarán a entender cómo ajustar o transformar las cadenas de suministro.

Después de dos años de incrementos de precio, los clientes empiezan a abastecerse de cadenas de descuento, por lo que la demanda baja y entran nuevas marcas en el mercado, copiando el surtido pero con precios más bajos. Entonces la empresa debe enfrentar la falta de materia prima debido a la especulación con los precios.

Las precisiones de sus previsiones bajan considerablemente, se doblan las faltas de disponibilidad de producto acabado, la obsolescencia se incrementa un 30 % y los costes logísticos aumentan casi un 10 %.

La empresa decide aumentar sus innovaciones y transforma su cadena de suministro en una cadena ágil.

Además, para combatir los problemas de suministro se toman algunas medidas:

- Contratan el 20 % de los volúmenes de materias primas críticas en el país de origen.
- Para el 80 % restante negocian inventarios en consignación con sus distribuidoras de materias primas.
- Introducen el control de inventario en proveedores y en algunos proveedores de embalaje.

Para combatir los problemas de incertidumbre en la demanda toman otras decisiones:

- Contratan un 15 % de capacidad adicional en las principales empresas subcontratadas.
- Con el fin de asegurar la demanda, se tiene mayor involucramiento en la comercialización de nuevos productos.

De esta manera, la compañía compró agilidad en el área de suministro, lo que le permitió controlar mejor la volatilidad del mercado, optimizando su servicio y sus problemas de inventario, todo a un coste extra de un 3 %.

El análisis de la empresa de venta de productos químicos mostró que los principales atributos demandados por los clientes de los cuatro mercados en los que está presente eran muy dispares:

- Alta calidad.
- Bajo precio.
- Personalización.
- Entregas rápidas.

Además, la presencia en cuatro mercados diferentes requería productos con características diferentes que, al ser gestionados por la misma cadena de suministro, incrementaban considerablemente la complejidad en toda la cadena, aumentando los costes internos cada año.

La conclusión fue transformar la cadena de suministro en una cadena ágil, priorizando la flexibilidad y segmentando parte de la cadena, especialmente la fábrica y la planificación, entre productos no complejos (con altos volúmenes, fáciles de fabricar, estables, con muy pocos ajustes por calidad y con una demanda predecible) y productos complejos (con bajos volúmenes, con retos en la fabricación, muchos ajustes por calidad y demanda volátil).

Se optó por el concepto de dos fábricas en una, donde los productos de baja complejidad se producirían en la maquinaria estándar que ya se había adquirido, y para los de alta complejidad se invertiría en maquinaria específica.

Con estos dos ejemplos se pretende ilustrar por qué y cómo transformar una cadena de suministro para alinearse con la estrategia de la compañía y las expectativas de los clientes.

Pero la nueva estrategia no acaba cuando se elige el modelo de cadena de suministro al que se quiere llegar, pues una vez que se ha tomado esta decisión es necesario ocuparse de la parte más emocional, de las personas y la manera de relacionarse y comunicarse con otros departamentos, lo que incluye:

- Capacitación del personal ante la nueva estrategia.
- Relaciones entre proveedor interno con cliente interno.
- Relaciones interdepartamentales para un mismo proceso.

6.1 Capacitación del personal

Las personas que trabajan en la empresa pueden estar capacitadas para hacer lo que se creía que era necesario, pero ¿están preparadas para afrontar nuevos retos?

El caso 2 se presentó como un ejemplo de una situación en la que la empresa invierte en nuevos procesos para manejar productos más complejos, por lo que habrá que capacitar a todo el personal involucrado en esos nuevos procedimientos.

Asimismo, ese proceso requerirá una planificación muy específica para hacer frente a un tipo de demanda muy volátil, por lo que habrá que utilizar modelos de pronosticación de la demanda más avanzados que los utilizados hasta el momento, por lo que se manejarán datos diferentes, que no están basados en los históricos de la empresa, y que requerirán nuevas formas de análisis. Para esto también se necesitará una formación específica.

6.2 Relación proveedor interno – cliente interno

Cuando hay nuevos procesos, nuevos modelos de gestión o nuevas estrategias, las necesidades internas también cambian, por lo que este es un buen momento para utilizar la matriz de necesidades internas. Con ello, es posible asegurarse de que cada proceso entrega al siguiente paso justo lo que necesita y de la manera en que lo requiere, para así garantizar un flujo continuo y suave a lo largo de toda la cadena de suministro.

La figura 17 requiere realizar un trabajo en equipo y discutir las necesidades internas, a la vez que muestra un ejemplo de dos departamentos, donde ambos actúan como proveedor y cliente del otro, por lo que acuerdan lo que necesitan y lo reflejan en la matriz. De este modo no hay dudas ni malentendidos. La matriz se completa con todos los departamentos del flujo del proceso.

Este ejercicio también ayuda a conocer mejor la empresa y pone en evidencia las limitaciones en todos los eslabones de la cadena. Al entender estos puntos, lo normal sería no pedir cosas a los departamentos que no pueden gestionarlas o que los pondrían en situaciones de tensión debido a esas limitaciones.

	CLIENTE	
	Aprovisionamientos	Planificación
PROVEEDOR — Aprovisionamientos		1 Confirmación de las entregas de materiales 2 Informar retraso del proveedor 3 Informar cambios en plan en 24 horas
PROVEEDOR — Planificación	1 Planificación estable 20 días 2 Conocer los cambios en 24 horas 3 Conocer retrasos en 24 horas	

Figura 17. Matriz de relación entre el cliente y el proveedor interno.

6.3 Relaciones interdepartamentales

Es necesario asegurar que las relaciones interdepartamentales para cada proceso están bien definidas, para lo que se debe establecer cómo se integran todas las funciones para conseguir una colaboración horizontal. De esta manera todas las personas podrán conocer su papel en cada proceso y la manera en la que deben colaborar. Así se evitarán los silos o compartimentos estancos en el trabajo.

Procesos	S&OP	Lanzamientos
Finanzas	Sí	
Ventas	Sí	Sí
RRHH		
Compras	Sí	Sí
Producción		Sí
Marketing	Sí	Sí
Logística		Sí
Planificación	Sí	Sí
CSD		

Figura 18. Ejemplo de matriz de funciones cruzadas.

Lo ideal es que todos los departamentos involucrados tengan objetivos comunes, pues no es raro encontrar dos departamentos que colaboran en un mismo proceso, pero que tienen objetivos o indicadores opuestos. Por ejemplo: aprovisionamiento (objetivo, coste) intenta comprar lotes grandes para aprovechar la economía de escala y abaratar costes, mientras que almacén de materias primas (objetivo, días de *stock)* intenta reducir el inventario. Aquí hay un conflicto a la vista.

Capítulo 7

Paso 4. Construir las capacidades y la implantación

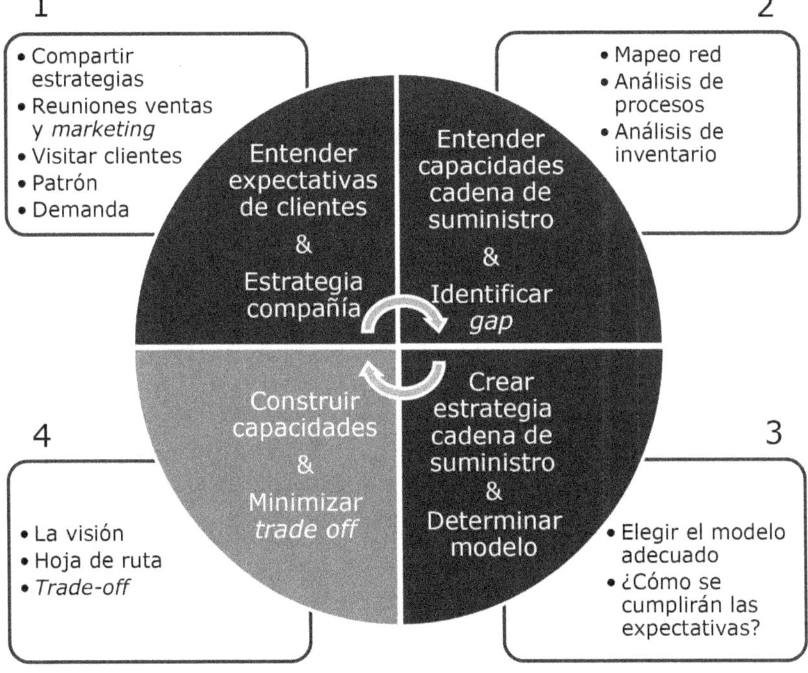

Figura 19. Cuarto paso del modelo para alinear estrategias en la cadena de suministro.

Este es el último paso del modelo de alineación de estrategias. A estas alturas ya se ha decidido lo que la empresa va a hacer y se ha diseñado la nueva estrategia para la cadena de suministro, por lo que se tiene una visión de lo que se quiere lograr.

Es recomendable que la visión se pueda explicar de manera sencilla y entendible para toda la compañía. Aunque cada empresa tendrá una forma de hacerlo, en la figura 20 se muestra la manera en que la empresa de venta de productos químicos lo hizo.

En este caso se dividió la cadena en cinco eslabones, se especificaron los atributos que cada uno debería desarrollar para transformarse en una cadena de suministro más ágil, se

Plan	Proveedor	Fábrica	Almacén	Transporte
• S&OP	• MP alternativas	• Lean	• Inventario saludable	• Grupajes a cliente final
• Visibilidad demanda	• Visibilidad plan proveedores, alinear estrategias	• Segmentación producción	• Cerca del cliente (24-48 horas)	• Camión completo a almacén regional
• Planificación flexible	• Plazo entrega corto	• Capacidad sobrante	• Lean	• Rutas para clusters de clientes
• Planificación visible	• Fiabilidad inventario	• Producción según demanda	• Personal versátil	• Transporte socio
• Balancear complejidad producción		• Cambios rápidos	• Fiabilidad inventario	• ADR legislación
		• Categorizar complejidad	• Automatizar tareas administrativas	
		• Personal versátil		
		• Máquinas fiables		

Figura 20. Ejemplo de visualización de la estrategia de la cadena de suministro de una empresa.

destacó con color verde lo que se consideró implantado y funcionando, y de color rojo lo que todavía no estaba implantado o funcionando correctamente.

Este código de colores fue muy útil para conocer de un solo vistazo el grado de implantación de la estrategia. De igual manera, cuando cada año se elijan proyectos para desarrollar, se podrán tomar medidas que aborden los aspectos en rojo.

Solo queda llevar a cabo el plan. No hay que olvidar que varios estudios revelan que el éxito del negocio es 25 % estrategia y 75 % ejecución.

Una posible explicación de porqué las empresas fallan en la ejecución de las estrategias se muestra en la figura 21, en la que se observa un estudio de la Escuela de Negocios de Harvard.

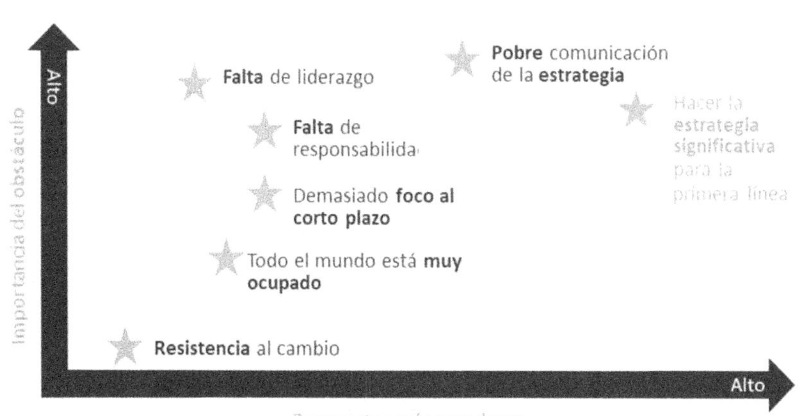

Fuente: Escuela de Negocios de Harvard.

Figura 21. Obstáculos para la ejecución de la estrategia según la encuesta realizada por la Escuela de Negocios de Harvard.

Después de entrevistar a una amplia población de ejecutivos, estas fueron las respuestas más repetidas.

A menudo se piensa que es suficiente con comunicar la estrategia a todos los niveles, pero lo cierto es que la mayoría de empresas se olvidan de enganchar, ilusionar y emocionar a las personas que trabajan en la compañía y de habilitarles para la ejecución de la estrategia.

El esquema desarrollado por Glenn Price y Terry Reynolds en su libro *Drivers*, que se presenta en la figura 22, da las pautas para pasar de la estrategia a la ejecución.

El esquema muestra cómo combinar el aspecto racional y el emocional en el diseño y la ejecución de una estrategia. El aspecto más difícil de conseguir es el emocional y, por lo general, ese es el aspecto donde se encuentran las brechas en las compañías, pues es lo que habitualmente se descuida.

Las personas desean contribuir al éxito de la compañía, pues se genera un beneficio mutuo. Si la empresa tiene éxito, lo normal es que los puestos de trabajo estén garantizados y las condiciones sean más favorables. Por lo tanto, una forma de mantener la motivación y el compromiso con la estrategia es mostrar al personal la forma en que su trabajo está contribuyendo al éxito de la estrategia, esto da un sentido a los trabajos, especialmente al personal de base, cuyas labores acostumbran a ser más rutinarias y a menudo percibidas como de menor importancia, aunque en realidad la empresa no podría funcionar sin ellos.

Una forma de hacer visual su contribución y, por lo tanto, reforzar su compromiso se observa en la figura 23.

La estrategia de la compañía se divide en diversos elementos tácticos para facilitar su funcionamiento. Lo mismo ocurre con la cadena de suministro; una vez definida una estrategia, se han de poner en marcha algunas iniciativas que se deben llevar a cabo. Tal como indica la figura 24, relacionar la iniciativa de la cadena de suministro que apoya a cada elemento de la estrategia de la compañía da

Racional	Establecer la dirección	Crear el contexto	Visión
			Estrategia
			Evaluación
Emocional	Enganchar y emocionar		Querer crecer
			Desear
			Comunicar
Racional	Habilitar y ejecutar	Impulsar el desempeño	Plan de acción
			Desarrollar capacidades
			Proceso y tecnología
Emocional	Mantener el impulso		Energía y visibilidad
			Responsabilidad
			Mejora continua

Fuente: Glenn Price & Terry Reynolds (2015).

Figura 22. Los doce impulsores de la ejecución de la estrategia.

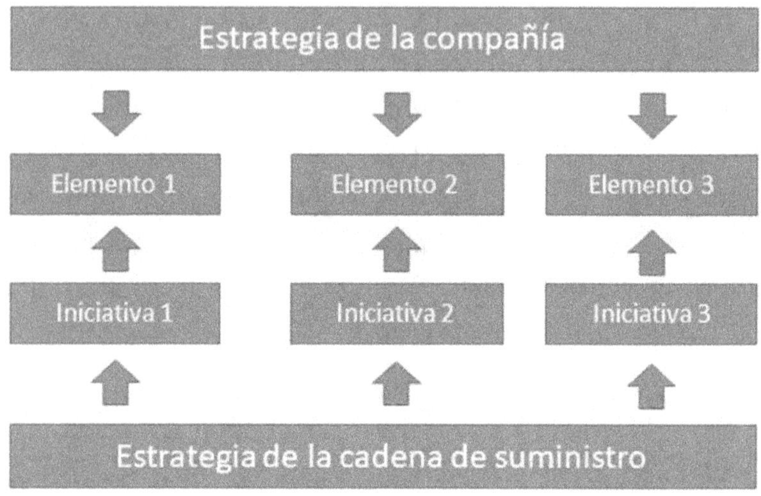

Figura 23. Visualizar la contribución de las personas que trabajan en la empresa para alcanzar la estrategia establecida.

sentido al trabajo de las personas que colaboran en esas actividades.

Otro punto importante y que no se debe olvidar son las contrapartidas, pues si se va a implantar una estrategia, es necesario identificar claramente cuáles serán las contrapartidas a los atributos que se pretenden entregar al máximo nivel.

En el caso 1 la contrapartida fue el aumento del coste al pasar de una cadena eficiente a una ágil, incrementando sus innovaciones y contratando capacidad adicional en las empresas subcontratadas. Ese fue el precio para garantizar el suministro.

Es fundamental que toda la compañía entienda y asuma la idea de que esas contrapartidas son el precio a pagar para entregar los atributos que van a hacer ganar pedidos en los clientes, y que no se puede trabajar con base en la idea de bueno-bonito-barato, pues solo pagando el precio se podrá trabajar para minimizar las contrapartidas al máximo.

De igual manera, las contrapartidas no pueden ser una excusa para las cadenas de suministro. El hecho de que se ofrezca alta calidad y entregas rápidas tiene un precio y no quiere decir que no se pueda seguir trabajando para reducir el coste, como en el ejemplo del caso 1.

El último aspecto que queda por reseñar es el seguimiento de la implantación. ¿Cómo saber que se está ejecutando la estrategia correctamente y que está dando los resultados esperados?

Para esto se debe establecer una serie de indicadores (KPI) que hay que estudiar con detenimiento y que deben estar perfectamente alineados con lo que se quiere conseguir, pues si esto no es así, se obtendrá una información errónea y, por lo tanto, se tomarán decisiones equivocadas.

Si los indicadores en diferentes departamentos no están alineados con la estrategia y están definidos en forma de silos, es decir, teniendo en cuenta solo a ese departamento, lo más probable es que se produzcan conflictos entre departamentos. Al tener indicadores opuestos se generan luchas internas que desgastan al equipo y que alejan el foco de lo verdaderamente importante.

Por ejemplo, como atributo ganador de pedidos y principal propuesta de valor, una compañía decide tener su inventario cerca de los clientes a través de almacenes o distribuidoras para garantizar la entrega en 24 horas. Probablemente el departamento de logística estará midiendo el porcentaje de pedidos entregados en 24 horas y fijará un objetivo que estime oportuno con base en las expectativas del cliente, que podría ser un 97 % de cumplimiento. Sin embargo, en el departamento de finanzas los principales indicadores son la cantidad de días de inventario y el valor del capital inmovilizado, con el objetivo de reducirlos constantemente. Aquí hay un conflicto a la vista, pues si esto ocurre en una empresa donde el departamento de finanzas tiene más poder que el que gestiona la cadena de suministro, acabarán imponiéndose los criterios financieros de reducción, penalizando el servicio al cliente, que era la principal propuesta de valor de la compañía.

Capítulo 8
Sumario del proceso

Al llegar a este punto ya se ha completado el modelo de cuatro pasos, se han identificado las expectativas de los clientes, se tiene clara la estrategia de la compañía, el patrón de la demanda y la complejidad de los productos-procesos.

También se ha analizado la cadena de suministro, se conoce perfectamente su rendimiento, queda claro qué atributos se entregan a gran nivel y a menor nivel, y se ha identificado la brecha entre la estrategia de la cadena de suministro, la estrategia de la compañía y las expectativas de los clientes. Se tiene claro dónde está la compañía y el punto de partida.

Con base en lo anterior se ha rediseñado la estrategia de la cadena de suministro, con algunos ajustes o con una transformación profunda, con el único objetivo de cerrar la brecha detectada. Ahora se sabe a dónde se quiere ir y qué se debe hacer para llegar a ese punto, es decir, se tiene clara la hoja de ruta y la visión.

Finalmente, se han identificado y explicado las contrapartidas, se ha conseguido que toda la compañía las entienda y las acepte como tal, y se ha empezado a trabajar para reducirlas al máximo. Se tiene un plan para ejecutar la estrategia, se han valorado los aspectos racionales y emocionales de la misma para asegurar que toda la compañía está comprometida, se cuenta con un sistema de indicadores alineado que permitirá obtener la información correcta para tomar las decisiones adecuadas, lo que permitirá ir ajustando el plan de implantación para asegurar que la empresa llega al destino final con éxito.

¿Quiere decir esto que ya se ha terminado el proceso? No. Ahora es el momento de la mejora continua. Al inicio del libro se hizo referencia a que el modelo empleado para alinear estrategias recordaba al ciclo PDCA de mejora continua y esto es precisamente lo que hay que poner en marcha. La única manera de lograr que la compañía no se estanque y de evitar perder posiciones ante los competidores es cuestionar el propio *status quo* y mejorar constantemente, pues siempre hay una oportunidad de entregar más calidad, de reducir los costes o de sorprender a los clientes con una innovación.

El modelo presentado no es de un solo uso, pues los mercados, las necesidades de los clientes, los competidores y, en definitiva, el mundo, cambia cada vez más rápido, por lo que tal vez mañana ya no esté alineado todo lo que hoy se logró alinear. Por este motivo, es muy saludable usar este modelo para evaluarse cada cierto tiempo, para asegurar que se detecta, en su fase más prematura, la creación de una nueva brecha.

Capítulo 9
Casos prácticos

9.1   El caso de Michelin

En 2017, en el Supply Chain Management Strategies Summit que se llevó a cabo en Berlin 2017, Thierry Gaudet, VP Supply Chain & Industrial Operations en Michelin, explicó cómo Michelin se enfrenta a las marcas de neumáticos asiáticos con precios mucho más bajos que ellos.

Michelin entendió que con su actual estructura, costes y enfoque a productos de calidad, y con su actual cadena de suministro, no podía fabricar neumáticos de bajos precios para luchar con sus competidores asiáticos, pero que precisamente su experiencia, tecnología, personal y conocimientos podrían ser una diferenciación en caso de igualar o acercarse mucho a los costes asiáticos.

Para eso creó una unidad de negocio paralela, con su propia cadena de suministro y sus propias marcas.

Para diseñar su nueva unidad de negocio se realizó un estudio completo que encajaría en el paso 1 del modelo presentado en este libro. Algunos aspectos que se analizaron fueron:

- Entrevistas con clientes para identificar retos y oportunidades.
- Mapeado de la competencia.
- Mapeado de la red de distribución.
- Simulaciones financieras.
- Colaboradores o socios potenciales.

Con toda la información obtenida se diseñó una cadena de suministro que garantizara bajos costes, una cadena de suministro fiable y cortos plazos de entrega. Así se identificaron los factores de éxito para ese modelo: flexibilidad, *stock* bajo y uso de toda la capacidad de la fábrica.

De esta manera se establecieron los principios de la cadena de suministro:

- Estandarización de los productos.
- Contratos con clientes que reservan capacidad con base en una previsión pactada.
- Fabricación bajo pedido.

Y se definieron unos procesos básicos:

- Diseño de productos que permitan maximizar la flexibilidad.
- Revisión mensual de la demanda.

- Planificación mensual de la capacidad de las fábricas.
- Compromiso en la reserva de capacidad de producción y minimización de cambios.
- Reserva del inventario por orden de llegada de pedidos.
- Logística y camiones completos.

A través de este nuevo modelo de negocio y con nuevas marcas, Michelin se acercó o igualó los precios de sus competidores asiáticos.

Diferentes estrategias (marca *premium* y segundas marcas) requieren diferentes cadenas de suministro.

9.2 El caso de la empresa de productos químicos

Como el caso se ha desarrollado a lo largo del libro, a continuación se resume y se muestran todos los pasos consecutivos.

Se trata de una empresa fabricante de pinturas industriales, presente en cuatro mercados distintos, que vende pinturas marinas, de decoración, de industria y para yates de lujo. Cuenta con una fábrica y tres almacenes, con un surtido de 1.800 referencias y un volumen bajo de venta, alta complejidad y costes que incrementan cada año.

Los cuatro mercados en los que la empresa está presente demandan atributos ganadores diferentes. Mientras en un caso el precio es determinante, en otro es la personalización; mientras en un mercado el plazo de entrega es prácticamente inmediato (24 o 48 horas) en otro no es determinante, ya que trabaja por proyectos y los plazos de entrega se pueden planificar con tiempo.

La empresa utilizó las matrices de Fisher y Lee (véase la tabla 1) para analizar el patrón de la demanda. Después de ver las expectativas de los clientes, la compañía gestionaba tanto productos funcionales como innovadores, por lo que debe gestionar cada tipo de productos con modelos de cadena de suministro distintos.

La propuesta de valor de la empresa, lo que transmitía a sus clientes y lo que los clientes percibían eran productos de alta calidad, fabricados con materias primas de calidad por encima de la media, por lo tanto, más caras y con un nivel de servicio muy alto. Sin embargo, la crisis económica que inició en 2008 provocó que la compañía se viera obligada a tener un control de costes muy estricto, lo que entró en conflicto con su propuesta de valor.

La cadena de suministro actual de la compañía encajaba con el modelo de minimización de riesgos, con un proceso de fabricación por lotes, con equipos generalistas poco automatizados y con una alta intervención de operarios. El modelo estaba diseñado para altos volúmenes y una variedad de productos media, pero manejaba un surtido muy amplio, de distintos productos, con volúmenes variables y una altísima complejidad de producción, algo menos en el aspecto logístico. Su red de almacenes y nivel de inventario garantizaba la entrega en el tiempo estipulado por el cliente (generalmente 24-72 horas), aunque con un nivel de inventario por encima de la media y un nivel de productos de baja rotación más alto de lo deseable. Por lo general, sus producciones eran contra inventario y sobre un 15 % contra pedido; en lo que respecta al transporte, la modalidad habitual era el grupaje mediante camión.

El análisis de las estrategias de la cadena de suministro y la estrategia de la compañía sobre las expectativas del cliente evidenció una brecha considerable entre ambas, pues tenía varios mercados con diferentes expectativas, gestionados por una sola cadena de suministro. La situación mostrada en la figura 14 tensionaba la cadena de suministro considerablemente al intentar entregar atributos a un nivel para el que la cadena de suministro no estaba preparada. Además, esta situación provocaba una complejidad, especialmente en su fábrica, que hacía incurrir en costes más altos que la media; todo esto en una situación interna en la que la compañía necesitaba controlar los costes de forma intensa.

Por estas razones, la empresa decidió abrazar la complejidad como una oportunidad de diferenciarse en el mercado y rediseñó la estrategia de la cadena de suministro, transformándola en una cadena de suministro más ágil y flexible. La figura 20 muestra los atributos que cada eslabón de la cadena debe cumplir para ganar la flexibilidad deseada.

Al mismo tiempo, decidió segmentar su proceso de fabricación, utilizando el concepto de dos fábricas en una *(factory within Factor)* que divide la fábrica en dos partes: una para productos funcionales y otra para productos innovadores (según matriz de la tabla 1). Como los equipos productivos eran generalistas, ideales para el tipo de productos funcionales, la compañía decidió mantenerlos para el área de baja complejidad e invirtió en nueva maquinaria, más adecuada para productos más complejos de volúmenes más bajos y variables, menos estables y con una especificación de calidad más estrecha.

Aunque en este caso todavía no se tienen resultados finales, la segmentación de la fábrica arroja reducciones de coste del 20 %, a la vez que mejora de manera radical el plazo de fabricación de los productos de alta complejidad.

De esta manera se evidencia que la cadena de suministro puede y debe ser un centro de creación de valor dentro de la compañía y que la percepción de ser un centro de coste pertenece al pasado. En este caso, la alineación de la estrategia de la cadena de suministro está consiguiendo conjugar la necesidad interna de la compañía de controlar los costes, con la habilidad de entregar diferentes expectativas a diferentes mercados, permitiendo a la compañía diferenciarse de las competidoras de una manera sostenible.

9.3 El caso de FilterPlus

FilterPlus es una multinacional estadounidense que fabrica filtros industriales para el control medioambiental de empresas de cemento, asfalto, acero, fundiciones, incineradoras, negro de humo, etc.

Con una fábrica en España para servir al mercado español, fabrica dos tipos de producto: filtros *pulse jet* y filtros de aire reverso, ambos con muchas variedades.

Los filtros pulse jet se fabrican con tejidos estándares, los pedidos son de volumen muy variable, generalmente bajos, y con diseños muy variados.

Los filtros de aire reverso se elaboran con tejidos más técnicos, con coste más elevado. Los pedidos son de volumen estable, generalmente mediano o grande y con diseños similares.

La fábrica trabaja contra pedido, no hay inventario de producto acabado y los filtros que produce se hacen a la medida de cada cliente.

Su sistema de fabricación es flujo por lotes, con bastante incidencia del personal y poca automatización, por lo que pueden fabricar varios pedidos a la vez, pero en paralelo. El sistema de fabricación provee una buena flexibilidad, pues puede insertar en el plan de producción pedidos urgentes, aunque generando inconvenientes en el inventario en proceso y retrasando el plazo de entrega de otros pedidos. También provee un alto nivel de innovación, ya que su maquinaria es generalista, pero muy enfocada a estos tipos de filtro. Sin embargo, incurre en costes elevados.

La batalla de costes que presentan varios competidores y la cada vez más marcada estacionalidad del mercado provoca que la empresa no absorba costes durante la temporada baja y que luego sea difícil recuperarlos durante la temporada alta.

Para combatir esta situación, la compañía pretende ganar una cuota de mercado, especialmente en la temporada baja, ofreciendo precios más competitivos, pero manteniendo su calidad (muy bien valorada por el mercado). Para esto se deben reducir los costes de fabricación.

En España, la compañía no tiene mucho poder de inversión, por lo que los potenciales cambios deben hacerse con poco dinero, manteniendo la actual maquinaria.

La propuesta inicial fue transformar el sistema de flujo en lotes a un sistema similar al de flujo en línea acompasado por el operario.

Durante el análisis de los productos se concluyó que los filtros pulse jet no son muy adecuados para el sistema de flujo en línea, debido a que sus volúmenes son muy variados y generalmente bajos; en cambio, los filtros de aire reverso parecen muy adecuados para el flujo lineal.

La decisión final fue segmentar la fábrica, mantener un sistema de flujo en lotes para filtros pulse jet y crear un sistema de flujo en línea acompasado por operarios para filtros de aire reverso.

Con el objetivo de llevar a cabo la nueva estrategia de fabricación, se cambió por completo la distribución de la fábrica. Para crear la línea de fabricación de filtros de aire reverso se construyeron cintas transportadoras con rodillos que se movían por inercia, que transportaban cada filtro en cubetas de una unidad, de una estación donde se encontraba una persona a la siguiente. Cada estación tenía como máximo tres unidades en espera, aunque por lo general el flujo era de una pieza. Este diseño de línea tenía conceptos del sistema justo a tiempo, ya que cada operación tenía un valor añadido, reduciendo considerablemente cualquier despilfarro a lo largo de la línea.

La figura 24 muestra la organización de la fábrica después del cambio.

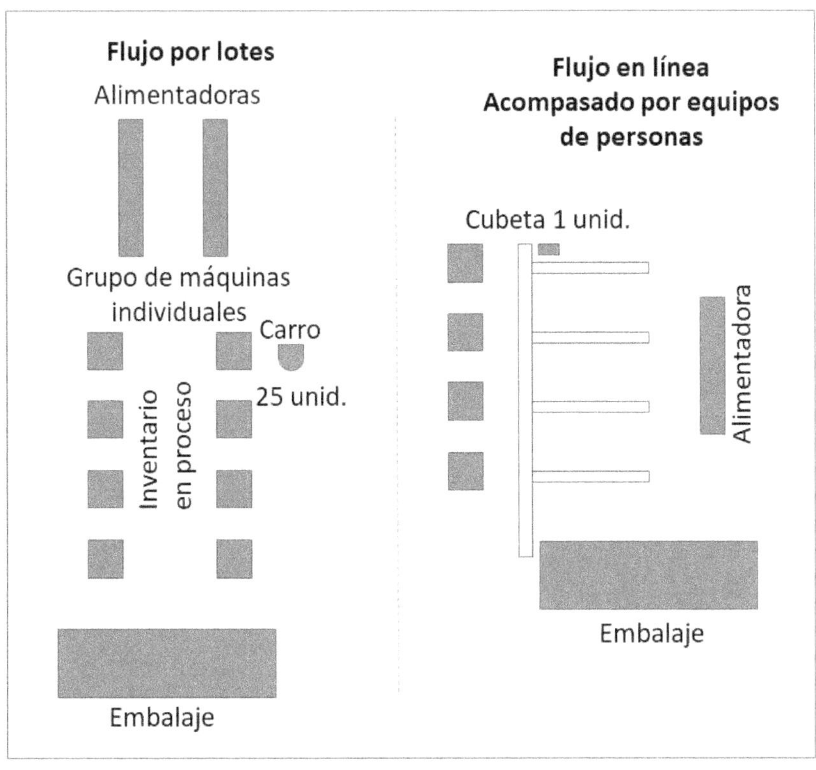

Figura 24. Segmentación de la fábrica para una mejor organización.

Como resultado de esta transformación, el coste general de la fábrica se redujo un 45 % y se generó un 10 % de capacidad extra con los mismos recursos, por lo que no fue un problema asumir el aumento de pedidos en temporada baja. Además, el coste unitario se abarató un 10 %.

De esta manera, la empresa pudo ofrecer precios más bajos, manteniendo su nivel de calidad e incluso mejorándolo para los filtros de aire reverso, lo que ocasionó que la cuota de mercado mejorara casi diez puntos.

Asimismo, los *outputs* de flexibilidad e innovación que antes se aportaban a muy buen nivel, apenas se resintieron al mantener el tipo de maquinaria que fabricaba el producto, pero cambiando la distribución *(lay-out).*

Bibliografía

- *Drivers*, Glenn Price y Terry Reynolds, Grosvenor House Publishing Limited, Surrey, 2015.
- *El pase perfecto*, Ed Weenk, Libros de Cabecera, Barcelona, 2012.
- *Estrategia de fabricación.* John Miltenburg, Productivity Press, Boca Ratón, 1995.
- *La cadena de suministro triple A*, Hau L. Lee. Harvard Business Review, Madrid, 2004.
- *La innovación estratégica*, Constantinos Markides, Harvard Deusto Business Review, Bilbao, 1997.
- *La Meta*, Eliyahu M. Goldratt y Jeff Cox, Ediciones Díaz de Santos S.A., Madrid, 1993.
- *Las cinco fuerzas competitivas que le dan forma a la estrategia*, Michael E. Porter, Harvard Business Review, Madrid, 2008.
- *Los secretos de una ejecución exitosa de la estrategia*, Gary L. Neilson, Karla L. Martin y Elizabeth Powers, Harvard Business Review, Madrid, 2008.

- *Operations, Strategy and Technology: pursuing the competitive edge*, Robert H. Hayes, Gary P. Pisano, David M. Upton y Steven C. Wheewright, Wiley, Hoboken, 2004.
- *This is Lean*, Niklas Modig y Pär Ahlström, Rheologica Publishing, Estocolmo, 2012.
- *Warehouse Management*, Gwynne Richards, Kogan Page, Londres, 2014.
- *What is the right supply chain for your product?*, Marshall L. Fisher, Harvard Business Review, Madrid, 1997.

Colección: Gestiona
Director: David Soler

Cómo hacer de la cadena de suministro un centro de valor
1.ª edición, 2018
© Ángel Caja Corral
© de esta edición, incluido el diseño de la cubierta, ICG Marge, SL

Edita: Marge Books
València, 558 – 08026 Barcelona
Tel. 931 429 486 - marge@margebooks.com
www.margebooks.com

Gestión editorial: Hèctor Soler
Edición: Natalia Echezuría
Compaginación: Mercedes Lara
Impresión: Book Print Digital, SA (L'Hospitalet de Llobregat, Barcelona)

ISBN: 978-84-17313-73-9
Depósito Legal: B 14158-2018

El papel empleado en este libro no ha sido blanqueado con cloro elemental (Cl_2).

**Cómo hacer de la cadena de suministro
un centro de valor**
Angel Caja Corral

Cadena de suministro 4.0
*Alberto Tundidor, Eva Hernández, Cristina Peña,
Javier Martínez, Javier Campos, Carlos Hernández*

El crédito documentario y el mensaje SWIFT
Luis Sánchez Cañizares

**La investigación en seguridad. Del Titanic
a la ingeniería de la resiliencia**
Jaime Rodrigo de Larrucea

Manual del comercio electrónico
Eva María Hernández Ramos, Luis Carlos Hernández Barrueco

**Sales and operations planning.
S&OP in 14 steps**
Cristina Peña Andrés

Economías transformadoras de Barcelona
Ruben Suriñach Padilla

**Planificación de ventas y operaciones.
S&OP en 14 claves**
Cristina Peña Andrés

Cómo participar en ferias comerciales
Cristina Peña Andrés

Manual de prevención de riesgos laborales
Blas Gómez

La economia social y solidaria en Barcelona
Ivan Miró, Anna Fernàndez

Negociación para el comercio internacional
Cristina Peña Andrés

Manual del manipulador de alimentos
Blas Gómez

La economía social y solidaria en Barcelona
Anna Fernàndez, Ivan Miró

Manual de seguridad en el trabajo
Marge Books

**Cómo innovar en las pymes.
Manual de mejora a través de la innovación**
Alberto Tundidor Díaz

**Guía documental para exportar e importar.
Los 12 documentos clave**
Alberto García Trius

**Mass customization.
Las claves de la personalización masiva**
Blas Gómez Gómez

**Crédito documentario. Guía para el éxito
en su gestión**
Cristina Peña Andrés, Amelia de Andrés Leal

Guía práctica de las reglas Incoterms® 2010
David Soler

**Certificación Lean Six Sigma Green Belt
para la excelencia en los negocios**
Lean Six Sigma Institute, SC

**Certificación Lean Six Sigma Yellow Belt
para la excelencia en los negocios**
Lean Six Sigma Institute, SC

**Negociación intercultural. Estrategias
y técnicas de negociación internacional**
Domingo Cabeza, Pelayo Corella, Carlos Jiménez

**Las reglas Incoterms® 2010. Manual para
usarlas con eficacia**
Alfonso Cabrera Cánovas

**Regímenes aduaneros económicos y procesos
logísticos en el comercio internacional**
Pedro Coll

**Inglés náutico normalizado para
las comunicaciones marítimas**
José Manuel Díaz Pérez

Shipping & Commercial Case Law
Albert Badia

Gestión medioambiental en la industria
José M.ª Suris

Gestión financiera del comercio internacional
Josep M.ª Casadejús

**Manual de gestión aduanera. Normativas
del comercio internacional y modelos
de integración económica**
Pedro Coll

Los abordajes en la mar
Carlos F. Salinas

**El desorden sanitario tiene cura.
Desde la seguridad del paciente hasta
la sostenibilidad del sistema sanitario
con la gestión por procesos**
Rajaram Govindarajan

**Gestión y liderazgo en una empresa
de seguros**
Simón Mahfoud y Digna Peña

Biblioteca de Logística

Manual del transporte en contenedor
Jaime Rodrigo de Larrucea

Gestión de existencias en el almacén
Sergi Flamarique

Logística urbana. Manual para operadores logísticos y administraciones públicas
Ignasi Ragàs

Flujos de mercancías en el almacén. Procesos internos y de entrada y salida
Sergi Flamarique

Normativa del transporte de mercancías por carretera
Alfonso Cabrera Cánovas

Manifiesto Ciberhumanista
Eva María Hernández Ramos, Luis Carlos Hernández Barrueco

Transporte marítimo de mercancías
Rosa Romero, Alfons Esteve

Técnicas para ahorrar costos logísticos. Aurum 2
Luis Carlos Hernández Barrueco

Gestión de operaciones de almacenaje
Sergi Flamarique

Técnicas de mejora continua en el transporte
Lander Tolosa

Técnicas para ahorrar costos en el transporte. Aurum 2E
Luis Carlos Hernández Barrueco

Título de transportista. Competencia profesional para el transporte de mercancías por carretera
Francisco Martín Jiménez

La llamada culpa grave en el transporte de mercancías por carretera
Francisco Sánchez-Gamborino

Técnicas logísticas para innovar, planificar y gestionar. Aurum 1
Luis Carlos Hernández Barrueco

Manual de transporte para el comercio internacional
Cristina Peña Andrés

La mente y el corazón del logista
Laura Pujol Giménez, Mariano F. Fernández

Manual del transporte marítimo
Agustín Montori Díez, Carlos Escribano Muñoz, Jesús Martínez Marín

Manual del transporte de mercancías
Jaime Mira, David Soler

Unidades de carga en el transporte
David Soler

Carretilla frontal contrapesada. Normas de uso y seguridad
VVAA

Seguridad marítima. Teoría general del riesgo
Jaime Rodrigo de Larrucea

Manual técnico de carretillas elevadoras
Vicenç Ripoll

Estiba y trincaje de las mercancías en contenedor
Francisco Fernández Sasiaín

Transporte ferroviario de mercancías
Miguel Ángel Dombriz

Transporte en contenedor
Jaime Rodrigo de Larrucea, Ricard Marí, Álvaro Librán

El transporte por carretera
José Manuel Ruiz Rodríguez

Logística hospitalaria
Borja Ozores

La seguridad en los puertos
Ricard Marí, Jaime Rodrigo de Larrucea, Álvaro Librán

Centros logísticos
Ignasi Ragàs

El Convenio CMR
Francisco Sánchez-Gamborino, Alfonso Cabrera Cánovas

Transporte de mercancías por carretera. Manual de competencia profesional
José Manuel Ruiz Rodríguez

Soluciones logísticas para optimizar la cadena de suministro
Francisco Álvarez Ochoa

El transporte internacional por carretera
Alfonso Cabrera Cánovas

El contrato de transporte por carretera
(Ley 15/2009)
Alfonso Cabrera Cánovas

El seguro de las mercancías en el transporte
Albert Badia

Diccionario de logística
David Soler

València, 558 – 08026 Barcelona – Tel. +34-931 429 486 – marge@margebooks.com – www.margebooks.com